农民工创业政策创新实证研究

操家齐◎著

本书出版得到国家社科基金（15BSH046）及宁波市重大科技计划项目『村镇生态化治理及社区可持续发展研究集成示范』的资助。

吉林大学出版社
JILIN UNIVERSITY PRESS

·长春·

图书在版编目（CIP）数据

农民工创业政策创新实证研究 / 操家齐著. —长春：
吉林大学出版社，2021.12
ISBN 978-7-5692-9623-5

Ⅰ.①农… Ⅱ.①操… Ⅲ.①民工—创业—就业政策
—研究—中国 Ⅳ.①F323.6

中国版本图书馆CIP数据核字（2021）第234595号

书　　名　农民工创业政策创新实证研究
　　　　　NONGMINGONG CHUANGYE ZHENGCE CHUANGXIN SHIZHENG YANJIU

作　　者　操家齐　著
策划编辑　云　宇
责任编辑　蔡玉奎
责任校对　柳　燕
装帧设计　中尚图
出版发行　吉林大学出版社
社　　址　长春市人民大街4059号
邮政编码　130021
发行电话　0431–89580028/29/21
网　　址　http：//www.jlup.com.cn
电子邮箱　jdcbs@jlu.edu.cn
印　　刷　天津中印联印务有限公司
开　　本　710mm×1000mm　1/16
印　　张　14
字　　数　209千字
版　　次　2021年12月　第1版
印　　次　2021年12月　第1次
书　　号　ISBN 978–7–5692–9623–5
定　　价　59.00元

序　言

　　自2008年起，在应对美国金融危机冲击的大背景下，党和政府开始大力推动农民工返乡创业。2015年之后，支持农民工返乡创业的力度进一步加大，该项工作成为"双创"目标的重要组成部分。2018年后，随着乡村振兴战略的全面实施，农民工返乡创业更成为推动乡村振兴的重要动力。基于这样的政策目标，相关支持政策不断出台，大量资源也不断投入到这一工作中。

　　几年时间过去了，政策实施效果如何？需要进行阶段性的检视。通过政策的评估和反思，对于总结经验、吸取教训并推动政策创新是非常必要的。本课题组在国家社科基金资助下，尝试完成这一工作。我们组织20多位调研员，应用问卷调查与访谈相结合的方法，利用春节期间农民工大量返乡的有利时机，走进中西部农民工输出大省的广大乡村，与农民工创业者、典型村负责人（村委会主任或村党支部书记）、政府相关部门负责人等进行面对面的交流。先后发放问卷1200份，收回有效问卷1093份，共形成深度访谈83份，计25万字。我们还通过典型调研和文本分析的形式，对全国典型的农民工创业案例进行分析。同时，我们还搜集了与农民工创业相关的重要文件48项，并对文本进行量化和质性分析。通过政策与实践的对照分析，从基层的视角检视政策的成效，并力图创造性地探索政策创新的路径。我们的努力，就体现在本书之中，至于效果如何，还有待读者的检验。

　　我们尽管付出了较大努力，但限于眼界和能力，很可能种下的是龙种，收获的却是跳蚤。但不管怎样，我们都坚定认为，推进农民工创业，对于推动城乡融合发展，特别是对于农民实现地位纵向提升，推进社会的公平正义非常重要。如何推进这一工作，最重要的是应充分尊重农民工的主体地位，充分调动中国农民的主动性和创造性，历史经验也一再充分表明，只要充分发挥农民的积极性，什么样的人间奇迹都能够创造出来！我们坚信，只要顺应农民工的创业愿望，不管是留城创业还是返乡创业，都应给予充分的尊重和支持，为其创业行动提供宽松的政策环境，在城乡融合发展的大背景下，既有利于农民工个体的发展，也将有利于乡村的振兴！

是为序。

目 录

第一章 绪 论

一、问题的提出：研究背景与目的

（一）背景

"截至2019年12月底，我国农民工总数高达2.88亿人，他们的生存与发展不仅关系到他们本人及其家庭，也与整个国家的经济和社会发展高度相关"（韩俊，2014）。我国长期以来高度重视农村富余劳动力的就业问题，对于农民工的创业在2008年以前并没有推出相关的政策。2008年，受美国金融危机影响，沿海地区大量外贸企业经营困难，大量农民工失去工作被迫返乡。如何解决他们的就业问题，成为各级政府迫切关注的问题。2008年9月，国务院办公厅转发人力资源和社会保障部、国家发改委等11部委《关于促进以创业带动就业工作指导意见的通知》，指导意见提出"重点指导和促进高校毕业生、失业人员和返乡农民工创业"。同年10月，中共十七届三中全会通过《关于推进农村改革发展若干重大问题的决定》，决定提出"扶持农民工返乡创业"。随着金融危机影响的加深，返乡的农民工越来越多，当年12月，国务院办公厅发布《关于切实做好当前农民工工作的通知》，通知强调，由于"金融危机影响的加深"，农民工集中返乡，给"城乡经济和社会发展带来了新情况和新问题"，为做好农民工工作，通知提出了六条措施，其中第三条为大力支持农民工返乡创业，提出抓紧制定相关的具体政策措施，引导有条件的农民工创业，以"创业带动就业"。从此，农民工创业成为国家解决农民工问题的一个重要政策议题。

从2013年起，中央将"大众创业、万众创新"提升到国家经济发展新引擎的战略高度。在这一背景下，农民工创业又被赋予了新的内涵。2015年国务院先后发布的《关于进一步做好新形势下就业创业工作的意见》和《关于支持农民工等人员返乡创业的意见》都将农民工创业的意义提高到"新动能""新动力"的高度，特别是后者对农民工返乡创业做出了全面安排。

2017年，中共十九大报告提出乡村振兴战略。2018年，中共中央、国务院发布的《关于实施乡村振兴战略的意见》，此后的《乡村振兴战略规划（2018—2022年）》都将农民工返乡创业作为实现乡村振兴的重要动力。

本课题聚焦于农民工创业政策研究，力图在梳理现有政策文本的基础上，通过实地调查研究，广泛调研农民工创业者，对现有政策的落实情况及其效果进行系统评估，在总结农民工需求以及地方创新经验的基础上，剖析现有政策在政策方向上的偏差及执行路径的不足，系统地提出有一定创新性的政策建议，以供相关决策部门参考。

（二）目的意义

国务院总理李克强提出要促进农民工的纵向流动。农民工创业问题，是众多农民工的理想所在，研究表明，70%的农民工有创业当老板的意愿，农民工的梦想也是中国梦的有机组成部分，它的实现有利于打破阶层固化、提升农民工的尊严感，有利于城乡统筹发展的统筹解决，因而具有非常重要的现实意义。

开展本课题研究能够对国家或地方层面完善农民工创业政策提供实证基础。任何涉及全国范围的政策的制定都必须基于扎实的调查研究。本课题调查研究范围涉及典型的农民工创业集群及具有典型经验的地区，可以很好地总结具有代表性的经验以及带有共性的问题。

本课题在实证调研的基础上，从理论上提出了由重视农民工返乡创业到充分重视农民工"留城创业"，在"留城创业"成功的基础上反哺家乡，拉动家乡产业发展，形成城乡互相促进的良性循环的新的理论模型。这对于国家或地方层面上改进农民工创业政策具有一定的理论价值。

开展本课题的研究可以为相关政策的制定提供对策思路及建议。实践表明，农民、基层往往具有伟大的创造活力，我们的研究将广泛收集、梳理农民工和基层的好的思路和建议，并加以整理和提炼，这对于国家层面的政策制定应该具有一定的参考价值。

二、农民工创业研究：回顾与评述

自2008年国家提出农民工创业政策以来，学界积极跟进，在研究中形成了几个主要的视角：

（一）农民工的创业意愿与政府鼓励农民工创业的动机

创业本应该是农民工的理性行为（江立华、陈文超，2011），中国农民一向具有创造精神，国家的政策凡是尊重农民意愿的、支持农民首创精神的一般都能取得好的效果，否则可能遭受农民抵制，甚至归于失败（徐勇，2010）。所以邓小平反对操之过急，强调"等待"（傅高义，2013）。唐有财等的调查，选择有"很强烈""比较强烈"的创业意愿的农民工合计达56.1%（唐有财等，2013）；当然，创业意愿存在着地域差异和代际差异（钟王黎、郭红东，2010；刘美玉、李哲，2013）。总体来说，现有研究一般都认为农民工的创业意愿比较强烈，这一点争议不大。2009年初，因金融危机出现农民工返乡潮，政策支持农民工创业主要出于维稳的考虑。金融危机结束后，地方政府从振兴当地经济考虑多一些（徐增阳，2011）。贺雪峰（2019）认为，国家提倡农民工返乡创业，是希望农民工将在沿海获得的技术、资金投入到中西部地区，促进中西部地区的发展，而地方政府是希望农民工返乡创业发展当地经济，推动房地产发展，以增强财政和税收。操家齐（2017）则认为，中央政府推动农民工返乡创业目的是服务于国家大战略的需要，第一阶段是应对美国金融危机的需要，第二阶段（2015—2017）是服务产业转型升级的需要，第三阶段（2017年以后）是服务乡村振兴战略的需要。

但是，这些动机中却忽略了农民工的感受。王小章认为，当下的农民工已经由为"生存"而奋斗的阶段，进入为"发展"和"权利"而努力的阶段（王小章，2009）。张秀娥、孙中博在研究中也注意到，农民工有更高层次的需求（张秀娥、孙中博，2013）。所以说，我们现在的鼓励政策考虑外在的东西比较多，而恰恰忽略了"人的需求与发展"，作为政府，更应该以帮助实现农民工的创业愿望为己任。

（二）农民工创业政策对农民工的影响

中央和各级地方政府对于农民工创业推动的力度越来越大，那么其政策影响如何呢？张国庆等（2019）基于扎根理论的研究探讨农民工创业的驱动机制，发现驱动农民工创业的因素有核心因素和边缘因素，其中"政策支持"只属于边缘因素。贺雪峰（2020）则认为，现在国家和地方政府鼓励农民工创业，增加了中西部地区"创业市场的拥挤程度"，从而加大了农民工的创业风险。朱红根（2012）从政府政策支持的角度出发，利用Logistic模型实化分析了政策支持对农民工返乡创业意愿的影响，结果表明总的政策支持力度越大，农民工返乡创业的意愿就越强，而创业信贷扶持、创业技能培训和税收减免三项政策对创业意愿的影响最为显著。刘玉侠等（2020）基于问卷调查发现多数创业者获得过创业政策支持，而且创业政策支持力度相对较大。返乡创业者的受教育程度、外出更换工作份数、创业规模和创业政策了解程度对其支持政策获取具有显著的影响。也有学者认为，现有创业政策"应急性较强，持续性较弱，执行弹性大"，使得创业政策的执行效果有限（宁德鹏等，2017）。

（三）农民工创业政策的指向与农民工需求的契合度

从当前的研究与地方的实践来看，主要集中在"农民工返乡创业"上，在CNKI上标题检索，标题中有"返乡创业"的高达724篇，接近七成，还不包括正文中主要探讨返乡创业的。然而，返乡创业是农民工需要的吗？事实上多数农民工返乡创业的意愿并不高，更多愿意选择在城市而不是农村创业（唐远雄、才凤伟，2013）。郭星华、郑日强研究表明，愿意"留城"创业的农民工是49.37%，高于"返乡"创业的38.82%（郭星华、郑日强，2013）。由于市场容量不足及发展环境欠佳，回乡创业风险很大（贺雪峰，2010）。但在城市，创业优惠政策却供给不足。从这个意义上说现有的农民工创业政策有些一厢情愿，并没有真正考虑农民工的真实意愿以及政策的可行性。而且存在着一个流入地政府扶持政策缺位的问题，因此进行重大调整非常有必要。

现有支持政策效果如何？最好的支持是政策本身吗？如何改进创业的支持政策？综合各地的支持政策，主要集中在设创业园、"绿色通道"服务、技术支持、资金扶持等方面，但是从农民工的反馈来看，很多政策落实情况并不好。原因主要有：一是从意愿（或动机）上看，政府更多出于应急（返乡人口就业）或功利（拉动地方经济）而不是从农民工本位，如其是否愿意返乡创业、其创业风险如何管控上考虑问题；二是从创业环境来看，现有扶持返乡政策没有充分考虑到返乡创业是否有宽松的政策环境、是否具备市场和技术支撑、是否有融资渠道的问题；三是从创业条件看，农民工本人素质及资金实力、抗风险能力如何，现有政策鲜有顾及；四是从政策效果来看，没有充分考虑到如何使扶持政策发挥最佳效果的问题。一些地方满足于已有政策而不愿去考虑政策是否有效果，因而很多只是流于形象工程。各地一般都是做"加法"，其实农民工可能需要的是"减法"，比如需要取消一些固有法规、文件对他们创业的限制，减少一些不必要的审批，放宽一些行业的准入门槛，破除一些地方企业对相关行业的垄断等。有时对农民工创业的最好支持不是扶持政策，而是解除僵化政策的束缚。要改进支持政策，关键是了解农民工真正的困难与需求，然后有针对性地出台相应的措施，这样才能促进农民工有效创业。

综上所述，总结当前在实践和理论层面上的探索和思考，可以说实践上正在不断深化、理论上研究领域正在逐步拓宽。不过，今后不仅要重视尚未发生的创业行动，还要对已经发生的创业行为给予关注；不仅要重视农民工返乡创业，还要重视农民工留城创业问题；不仅要重视政策支持的"加法"，还要重视放权搞活的"减法"；在研究手段上不仅要有理论的阐述、广泛的问卷调查，还要有深度的访谈和解剖麻雀式的案例研究。而这正是本课题的努力方向所在。

三、研究的主要内容

本报告主要包括六个方面的内容：

第一部分，绪论。介绍本报告的研究背景、目的意义、研究的主要内容、研究方法、技术路线、文献综述等。

第二部分，研究我国农民工创业政策演进理路及其深层逻辑。本部分系统梳理中央政府历年来有关农民工创业的政策，通过文本分析方法，探讨政策演进理路及其背后的逻辑，以为后文的研究提供基础的依据。

第三部分，农民工创业政策效果评估。基于课题组对既有数据的整理分析、对全国问卷调查和深度访谈所得数据资料的分析，对过去农民工创业政策的成效进行基本的评估。

第四部分，农民工创业典型案例分析及其启示。这一部分在上一部分全面评估的基础上，对我国农民工创业的典型案例进行深度分析。其目的是通过典型个案的解剖，发现农民工创业的一些深层次规律，探讨具有推广性的典型经验，以利于为后文的政策创新提供具有启发性的思路。

第五部分，农民工创业政策存在的主要问题及原因探讨。重点分析当前农民工创业政策落实的困境，探讨困境背后的深层次原因。

第六部分，农民工创业政策的变革与创新。这一部分是本报告的核心部分，承接上文中的问题，有针对性地从理念导向创新、目标导向创新、创新的核心要件、创新的机遇把握、创新的具体路径等几个方面提出具体的创新思路。在创新的具体路径上，从认识、空间路径、具体扶持政策三个维度提出一些具有创新性的思路。

四、研究方法与技术路线

（一）研究方法

本课题将运用多种研究方法。包括实证分析法、比较分析法、计量分析法等。具体为：

一是问卷调查与访谈相结合。发放问卷1200份，收回有效问卷1093份，发放问卷的对象主要为中西部农民工输出大省，包括河南、四川、重庆、江西、湖南、湖北、安徽、甘肃、陕西、山西，也选择东部的浙江、山东作为对照组（见表1-1）。限于农民工高流动性特征和经费原因，我们没有做到完全的简单随机抽样。但我们有意识地选择农民工输出大省作为重点抽样对象，另外，由于调研员是面对全国随机招募的，因而问卷的代表性还是比较强的。

表1-1　问卷发放地区分布

地区	省份	份数
中部地区	河南	123
	湖北	100
	湖南	50
	安徽	149
	江西	107
	山西	50
西部地区	四川	149
	重庆	103
	陕西	105
	甘肃	59
东部地区	浙江	148
	山东	50

深度访谈的主要对象是农民工创业者、典型村负责人（村委会主任或村支书）、政府相关部门负责人等，以广泛搜集各方意见和建议。深度访谈对象亦主要分布在以上省份的农村，共形成深度访谈83份，计25万字。（见表1-2）

二是进行典型调查、类型分析，对于以上各地的典型经验将进行深度的调查研究，并对当地具体做法的实施效果进行实地的核实。

表1-2 调研典型村庄的特点

村落	特点
石林乡朱大楼行政村、王楼自然村、高山村、半个店村、旗杆村、长冲村、三联村、高家户村、罗祝村	该九村选自外出务工人口排名第二的安徽省。外出人口主要目的地有北京、苏南、浙江。轻工业、农业发达。
门楼王村、韩新庄村、王湾村、袁楼村	该四村选自外出务工人口排名第一的河南省，其中门楼王村所在柘城县是农民工返乡创业示范县。外出人口主要目的地有北京、山东、苏南。村落种植业、养殖业发达，就业机会不足。
三里畈村、堰头垸村	该两村选自外出务工人口排名第十的湖北省，外出人口主要目的地有浙江、广东。经济开发区带动，创业环境较好。
华塘村、石坑村、邓家铺、黄木井村、鄢家村	该五村选自外出务工人口排名第三的湖南省，外出人口主要目的地有广东、浙江。第一产业比重高，新兴产业欠发达。
丙灵村、廖家沟村、双凤村、土门村、马槽乡明头村、马槽乡花桥村、坝底乡水田村	该七村选自外出务工人口排名第五的四川省，其中丙灵村所在的禾丰镇是农民工返乡创业示范镇。外出人口主要目的地有广东、浙江。经济欠发达，工业发展不充分。
民权村、水田社区村	该两村选自外出务工人口排名第七的重庆市。外出人口的主要目的地有浙江、广东。主城人口密集，竞争压力大。
茶潭村、平园村、张堡村、河口村、大头村、黄茶村	该六村是浙江省外来人口较为集中的村落。经济发达，就业岗位多，创业环境成熟。

三是多个案比较研究。我们将搜集到的各地的情况进行对比考察，评价各地做法的得失之处，并在归纳总结的基础上提炼为一般性的结论。

在前期大量实证调查的基础上，课题组搜集到25万字的深度访谈资料（见附件），为深入分析挖掘这些一手资料，课题组采用了扎根理论的研究方法。在广泛阅读这些文字之后，运用扎根理论的研究方法，从素材到概念，从概念到范畴，从范畴到构思，最后形成理论认知，这一方法可以较好地避免先入为主的理论先行，一定程度上体现了理论来源于实践的思想。

（二）研究的技术路线

本报告的技术路线图见图1-1。

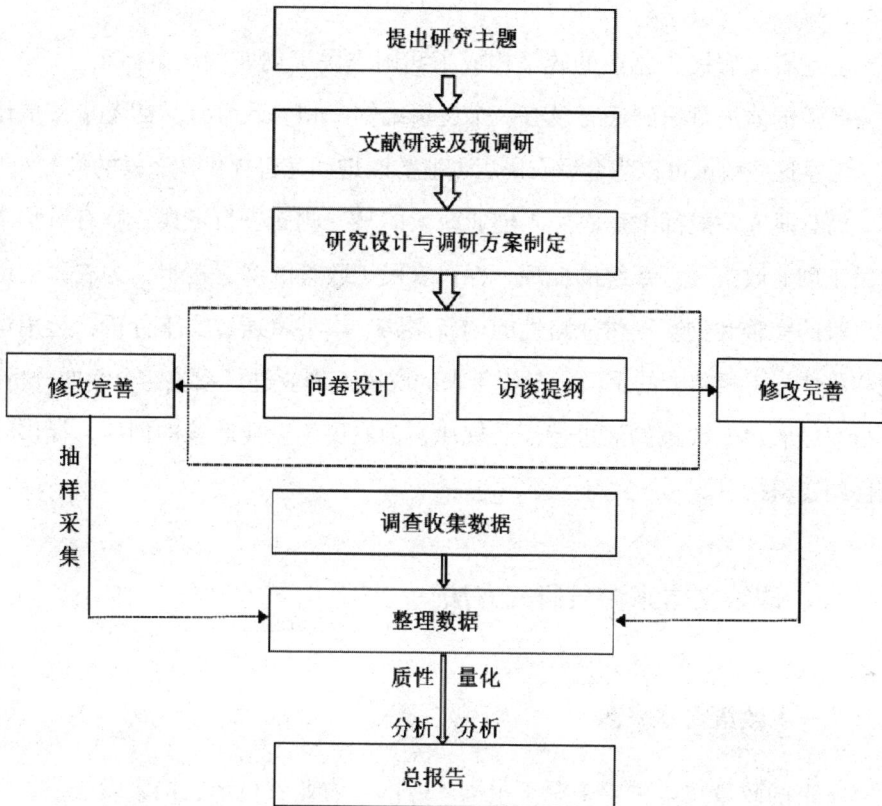

图1-1　研究技术路线图

第二章 农民工创业政策演进理路及其深层逻辑

上述有关农民工创业的政策构成了我国农民工创业的政策体系。那么，相关政策的演进背后到底有没有一个逻辑结构？相关政策背后的考量又是什么？考察这些政策可以为今后农民工创业的改进和完善提供什么样的借鉴？

已有研究一般都聚焦农民工创业政策的某一侧面进行考察，鲜有对整个农民工创业政策进行系统的梳理，探讨农民工政策的演进逻辑，为农民工创业政策的完善和创新提供战略性的创新思路。本书将通过文本分析，运用量化和质性分析相结合的手段，对历年来的农民工创业进行系统、全面的分析。分析总结农民工政策的演进特征及规律，为农民工创业政策的创新，提供前瞻性的逻辑指引。

一、政策文本来源与研究方法

（一）政策文本来源

本书的政策文本主要来源于中国政府网、农业农村部、国家发改委、财政部等官方网站，以及北大法律信息网。在这些网站的搜索栏中分别以农民工创业、返乡创业、农民创业、农村创业为关键词进行检索，在搜索的结果中排除非政策的内容，在余下的内容中一一浏览，确认是否包括农民工创业的相关内容。经确认之后，列为政策文本分析的对象。这些文件有的在标题中就包括相关关键词，有的在正文中包含相关关键词。经过筛选，最后的文件为48项。以此为基本文本数据，作为后期分析的基础数据库。由于搜集了关于农民工创业的所有已知的政策文件，属于整群抽样，可以进行更为全面与客观的分析（刘伟，2014）。

表2-1　我国历年发布的有关农民工创业的文件

发布年份	发布部门	文件名称
2008	国务院办公厅	《关于促进以创业带动就业工作指导意见的通知》
2008	中共中央	《关于推进农村改革发展若干重大问题的决定》
2008	国务院办公厅	《关于切实做好当前农民工工作的通知》
2009	中共中央 国务院	《关于2009年促进农业稳定发展农民持续增收的若干意见》（2009年中央一号文件）
2009	国务院	《关于做好当前经济形势下就业工作的通知》
2010	中共中央 国务院	《关于加大统筹城乡发展力度进一步夯实农业农村发展基础的若干意见》（2010年中央一号文件）
2011	中共中央 国务院	《关于加快水利改革发展的决定》
2012	中共中央 国务院	《关于加快推进农业科技创新持续增强农产品供给保障能力的若干意见》
2013	中共中央 国务院	《关于加快发展现代农业进一步增强农村发展活力的若干意见》
2013	中国银监会办公厅	《关于做好2013年农村金融服务工作的通知》
2014	中共中央 国务院	《关于全面深化农村改革加快推进农业现代化的若干意见》
2014	中国人民银行	《关于做好家庭农场等新型农业经营主体金融服务的指导意见》
2014	中国银监会办公厅	《关于做好2014年农村金融服务工作的通知》
2014	农业部	《关于促进家庭农场发展的指导意见》
2014	农业部	《关于开展信息进村入户试点工作的通知》
2014	农业部办公厅	《关于国家农业科技创新与集成示范基地建设的意见》
2014	中国银监会	《关于鼓励和引导民间资本参与农村信用社产权改革工作的通知》
2014	中国银监会	《关于进一步促进村镇银行健康发展的指导意见》
2015	农业部	《关于大力推进农产品加工科技创新与推广工作的通知》
2015	中国银监会	《关于做好2015年农村金融服务工作的通知》
2015	农业农村部	《关于加强农民创新创业服务工作促进农民就业增收的意见》

续表

发布年份	发布部门	文件名称
2015	农业部办公厅、教育部办公厅、共青团中央办公厅	《关于组织实施现代青年农场主计划的通知》
2015	国务院	《关于进一步做好新形势下就业创业工作的意见》
2015	国务院办公厅	《关于支持农民工等人员返乡创业的意见》
2015	农业部办公厅	《关于印发〈2015年信息进村入户试点工作安排〉的通知》
2015	国务院	《关于大力推进大众创业万众创新若干政策措施的意见》
2015	农业部	《关于实施推进农民创业创新行动计划（2015—2017年）的通知》
2015	商务部等19部门	《关于加快发展农村电子商务的意见》
2015	农业部办公厅	《关于推荐116项节本增效农业物联网应用模式的通知》
2015	国务院	《关于加快构建大众创业万众创新支撑平台的指导意见》
2015	中国人民银行	《关于全面推进中小企业和农村信用体系建设的意见》
2015	农业部、国家发展改革委、商务部	《关于印发〈推进农业电子商务发展行动计划〉的通知》
2015	农业部办公厅、共青团中央办公厅、人力资源社会保障部办公厅	《关于开展农村青年创业富民行动的通知》
2015	国务院办公厅	《关于促进农村电子商务加快发展的指导意见》
2015	农业部、国家发展改革委等六部委	《关于实施开发农业农村资源支持农民工等人员返乡创业行动计划的通知》
2015	国家发展改革委、工业和信息化部等十部委	《关于结合新型城镇化开展支持农民工等人员返乡创业试点工作的通知》
2016	国务院办公厅	《关于推进农村一二三产业融合发展的指导意见》
2016	人力资源社会保障部办公厅	《关于实施农民工等人员返乡创业培训五年行动计划（2016–2020年）的通知》
2016	国务院办公厅	《关于支持返乡下乡人员创业创新促进农村一二三产业融合发展的意见》
2017	中共中央 国务院	《关于深入推进农业供给侧结构性改革加快培育农业农村发展新动能的若干意见》
2017	国务院	《关于做好当前和今后一段时期就业创业工作的意见》

续表

发布年份	发布部门	文件名称
2017	国务院	《关于强化实施创新驱动发展战略进一步推进大众创业万众创新深入发展的意见》
2018	中共中央 国务院	《关于实施乡村振兴战略的意见》
2018	农业部	《农业农村部关于大力实施乡村就业创业促进行动的通知》
2018	中共中央 国务院	《乡村振兴战略规划（2018—2022年）》
2018	国务院	《关于推动创新创业高质量发展打造"双创"升级版的意见》
2019	中共中央 国务院	《关于坚持农业农村优先发展做好"三农"工作的若干意见》
2019	人社部、财政部、农业农村部	《关于进一步推动返乡入乡创业工作的意见》

资料来源：中国政府网、农业农村部、国家发改委、财政部等官网，以及北大法律信息网。

（二）研究方法

本书应用内容分析法，并借鉴文献计量法。关于内容分析法，最早的定义一般都比较强调量化，如贝雷尔森的定义："内容分析法是客观系统并量化地描述显性的传播内容的一种研究方法"（Berelson，1952）。克林格认为，"内容分析研究方法用一种系统的、客观的、量化的方式测定变量，对传播内容做出分析"（Kerlinger，1973）。克里彭多夫的定义："内容分析法是一种研究技术，以便从数据及其背景中得出可重复的有效推论"（Krippendorff，1980）。这些学者的定义中都强调了量化对于内容分析方法的重要性。当然也有对内容分析方法比较包容的定义，如霍尔斯蒂的定义是"通过客观而系统的方法，确定信息的特定特征，从而能够得出推论的任意一种技巧"（Holsti，1969），他并没有刻意地强调量化方法，而强调是"任意一种技巧"。国内较早应用内容分析法的一般集中于图书情报领域（邱均平、邹菲，2004；孙瑞英，2005）。与内容分析法类似的研究方法是图书情报领域广泛应用的文献计量法，二者都重视对文献进行定量分析，使得内容分析法与文献计量法有很多相似之处，但二者的区别亦是非常明显的，那就是内容分析法的定量是基于定性研究的基础之上的，而文献计量法则是基于数学和统计学的。因此，本书基于计量的研究，在本质上还是属于定性研究的范畴。

内容分析法最开始应用于军事情报领域，以后又应用于社会学、新闻传播学、心理学、政治学、经济学等领域，在我国过去很少应用于政治学、公共管理研究领域。在政策研究方面，较早的研究有施丽萍对中国科技创新政策的研究（施丽萍，2011）。此后，有学者应用此方法对政府工作报告进行研究（朱光喜，金日东，2012）。此后，在土地管理、产业政策、电子政务等领域的应用逐渐普及。

本书综合借鉴政策文献计量法（李江等，2015；潘丹等，2019）和内容分析法（吕晓等，2015），通过政策发布时间、政策目标、政策工具、政策效力四个主要维度对政策文件构建农民工创业政策的分析框架。通过时间维度与政策目标的交叉探讨政策变迁的逻辑进路；通过政策目标与政策效力和政策工具的交叉评估政策效果。最后，经过系统的定性分析，探讨现有我国农民工创业政策的演进逻辑。

政策效力是本书的一个关键维度。农民工创业的效力，根据几个方面的因素确定：（1）政策的发布机关。发布机关的层级越高，表明政策的效力越高。（2）政策主题聚焦度。政策标题越聚焦于农民工创业问题，其政策效力相应越高。（3）政策内容充实度。政策内容越充实，涉及的篇幅越多，表明该文件对农民工创业越关注，其政策效力相应越高。（4）政策措施覆盖度。相应的政策措施越全面、越具体，表明该政策文件对农民工创业越重视，其相应政策效力越高。（5）政策落实力度。政策措施有标准、有具体落实单位，表明其落实力度越大。

表2-2 政策力度指标及赋值

指标	标准	赋值
发布机关层级 L	中共中央、国务院或联合发布	5
	国务院办公厅	4
	各部委联合发文	3
	部委单独发文	2
	中央群团组织	1

指标	标准	赋值
政策主题聚焦度 F	标题出现农民工（农民、农业）、创业	5
	标题出现农民工（农民），正文有创业	4
	标题出现创业，正文有农民工	3
	仅内容有农民工创业	1
政策内容充实度 M	政策内容充实度高，涉及的篇幅大	5
	政策内容充实度中，涉及的篇幅中	3
	政策内容充实度低，涉及的篇幅小	1
政策措施覆盖度 C	政策措施全面、具体度高	5
	政策措施全面、具体度中	3
	政策措施全面、具体度低	1
政策落实力度 D	措施的标准及落实单位明确度高	5
	措施的标准及落实单位明确度中	3
	措施的标准及落实单位明确度低	1

（三）农民工创业政策效力评估方法

鉴于上述量化指标的标准比较明确，主观性较小。本书借鉴潘丹、陈寰、孔凡斌（2019）等计算林业政策效力的方法，结合农民工创业政策的具体实际。确定我国农民工创业政策效力的评估公式如下：

$$YPE_i = \sum_i^N (L_j + F_j + M_j + C_j + D_j) \, P_j \tag{1}$$

$$AYPE_i = \frac{\sum^N (L_j + F_j + M_j + C_j + D_j) \, P_j}{N} \tag{2}$$

在（1）（2）式中，YPE_i为第i年农民工创业政策的总体效力。其中i为某一年度，$i = [2008，2019]$；N为第i年发布的农民工创业政策的数量；j为第i年发布的第j项政策；L_j、F_j、M_j、C_j、D_j分别为第j项政策的发布机关层级、政策主题聚焦度、政策内容充实度、政策措施覆盖度、政策落实力度的得分。P_j为第j项政策力度得分。$AYPE_i$为第i年政策的平均效力。

二、量化分析结果与讨论

（一）政策发布年度特征分析

从政策发布的年度看（图2-1），政策文本数量明显有三个峰值，其中两个小峰值，一个高峰值。

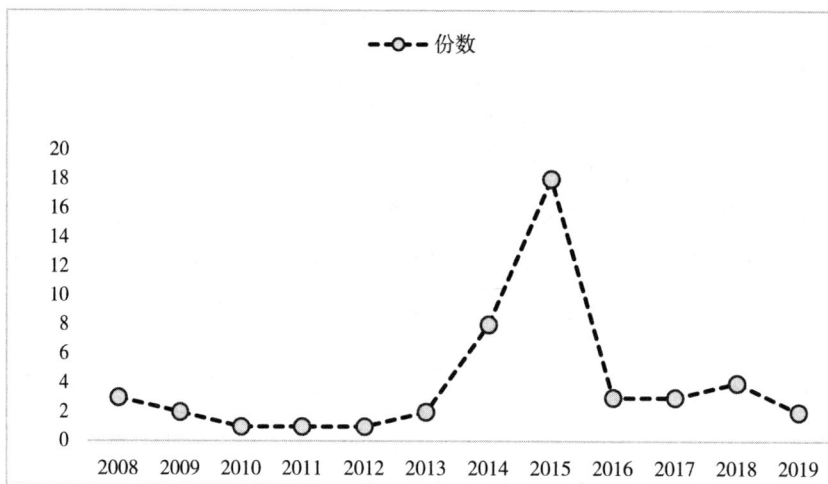

图2-1　农民工创业相关政策发布数量

第一个峰值出现在2008年。这一年共有三份，其中国务院办公厅发布的《关于切实做好当前农民工工作的通知》最为关键，这篇文章系统地提出了农民工返乡创业的问题。另外两份文件的层级也非常高，其中当年9月份发布的《国务院办公厅转发人力资源和社会保障部等部门关于促进以创业带动就业工作指导意见的通知》，首次在中央政策层面提出了农民工返乡创业问题，其意义比较重大。另外一篇是中共十七届三中全会通过的《中共中央关于推进农村改革发展若干重大问题的决定》，决定中明确提出"扶持农民工返乡创业"，由于这是中共中央的决定，其影响较为深远。尽管相对后来三份数量不算高，但因其具有开创性且发布层级高，因而引发了全国层面对农民工创业问题的高度重视。所以说，2008年是农民工创业问题发展的第一个关键节点。

第二个峰值出现在2015年。在2008年之后关于农民工创业的文件数量逐年下降，直到2014年骤然回升（8份），到2015年达到整个曲线的最高值，这一年相关文件达到18份之多。这一年3月，时任国务院领导视察工商总局时发表"以大众创业万众创新培育经济增长新动力"的讲话。2015年4月，《国务院关于进一步做好新形势下就业创业工作的意见》，其中提出"支持农民工返乡创业"。6月，《国务院办公厅关于支持农民工等人员返乡创业的意见》发布，这是又一份关于农民工返乡创业的标志性文件。此后，农业部、财政部、国土资源部、商务部、人民银行、工商总局等部委先后牵头发布了相关政策文件。这一时期的文件联合发布的比较多，已搜集到的18份文件中，联合发文的达到5份，占27.8%。其中合作部委最多的达到10个。2015年，可以说是农民工创业问题发展的第二个关键节点。

第三个峰值出现在2018年。与第一个节点2008年后不同，2015年以后相关政策文件的发布并没有迅速跌落到谷底，而是依然保持着较高的频次，2016年、2017年每年都有三份，依然保持较高的热度。到2018年，中共中央、国务院《关于实施乡村振兴战略的意见》发布，农民工创业问题已经提升到事关乡村振兴战略的高度。这一年文件数量虽然没有大幅增长，但对于农民工创业问题的发展来说也是一个关键的节点。

（二）政策目标指向分析

从上述的政策发布年度特征我们可以发现存在三次峰值，这三次峰值的出现与相关政策推出的目标变化有关联。我们试从三次峰值的关键文件的文本分析探寻政策目标指向的变化（表2-3）。

表2-3 农民工创业政策目标指向分析

阶段	关键政策文本	问题驱动	目标指向
第一阶段	《中共中央关于推进农村改革发展若干重大问题的决定》《关于切实做好当前农民工工作的通知》	因金融危机导致的就业困难问题	以创业带动就业
第二阶段	《国务院关于大力推进大众创业万众创新若干政策措施的意见》《国务院办公厅关于支持农民工等人员返乡创业的意见》	经济社会发展进入新常态，传统发展方式难以为继。经济结构转型升级，促进社会纵向流动、公平正义的需要。	转型升级新动能
第三阶段	《关于实施乡村振兴战略的意见》《乡村振兴战略规划（2018—2022年）》	我国发展不平衡不充分问题在乡村最为突出。	服务于乡村振兴

第一阶段关键文本为2008年的《关于切实做好当前农民工工作的通知》。政策文件的一个突出特征是问题导向性，都是为了解决当前或者今后存在的突出问题。这个文件在开篇中强调：

当前，国际金融危机的影响不断加深，国内部分企业生产经营遇到困难，就业压力明显增加，加上元旦、春节临近，相当数量的农民工开始集中返乡，给城乡经济和社会发展带来了新情况和新问题。

从这个文本我们可以看出，当时遇到的问题是：由于受到国际金融危机的影响，就业压力增大，大量农民工被迫返乡。从而给我国城乡经济和社会发展带来挑战。为了解决这个迫切的问题，通过鼓励农民工创业从而带动就业就成了一个重要抓手。

第二阶段的关键文本是2015年的《国务院办公厅关于支持农民工等人员返乡创业的意见》（2015年6月17日）。由于这一政策是落实此前"大众创业万众创新"政策的一个具体政策，所以需要考察一下此前的《国务院关于大力推进大众创业万众创新若干政策措施的意见》（2015年6月11日）。这一次的问题指向与上次有了明显的不同。

推进大众创业、万众创新，是发展的动力之源，也是富民之道、公平之计、强国之策，对于推动经济结构调整、打造发展新引擎、增强发展新动力、走创新驱动发展道路具有重要意义，是稳增长、扩就业、激发亿万群众智慧和创造力，促进社会纵向流动、公平正义的重大举措。

从这个文本可以看出，推出相关政策不仅仅是为了就业问题，更主要是为了应对经济社会发展的新常态，推进经济结构转型升级，促进社会纵向流动、公平正义的需要。对于农民工来说，通过鼓励其创业，既可以解决现实的就业问题，也可以促进解决其纵向流动、城乡平等发展问题，都可以发挥"新动能""新动力"。

第三阶段的关键文本是《关于实施乡村振兴战略的意见》。乡村振兴战略是十九大提出的决胜全面建成小康社会需要实施的七大战略之一，并被写入党章。之所以要实施乡村振兴战略，意见是这样论述的：

没有农业农村的现代化，就没有国家的现代化。当前，我国发展不平衡不充分问题在乡村最为突出……实施乡村振兴战略，是解决人民日益增长的美好生活需要和不平衡不充分的发展之间矛盾的必然要求，是实现"两个一百年"奋斗目标的必然要求，是实现全体人民共同富裕的必然要求。

也就是说主要要解决乡村发展不平衡不充分的问题，是实现国家现代化的需要。而农民工返乡创业是服务于乡村振兴战略的。而且在随后的《乡村振兴战略规划（2018—2022年）》中再没有提到农民工返乡创业，而是提"返乡创业人员"，这当然包括农民工，但不仅是农民工。也就是说要实现乡村振兴必须要推动乡村人才振兴，需要吸引各方面的人才。乡村振兴也不仅是农民和农民工的事。

（三）农民工创业政策工具分析

关于政策工具的定义，萨拉蒙（Salamon）认为，政策工具是政府用来组织集体行动、解决公共问题的明确方法。关于政策工具的分类，洛伊将政策工具分为分配、监管、建制和再分配四类；罗斯威尔·罗伊（Rothwell Roy）和沃尔特（Walter Zegveld）的三分法为：供给型政策工具、需求型政策工具和环境型政策工具；霍莱特和拉米什根据政府介入程度将政策工具分为自愿性工具、混合性工具和强制性工具三类。由于农民工创业政策政府一般是基于鼓励、扶持为主的，很难应用到强制性工具，因此罗斯威尔·罗伊（Rothwell Roy）和沃尔特（Walter Zegveld）的三分法比较适合于本书的分析。供给型政策工具主要有资金投入、基础设施建设和公共服务等；环境型政策工具主要包括目标规划、金融支持、法规管制、税收优惠等；需求型政策工具主要有政府采购、服务外包、贸易管制等方面，目的是通过促进需求，提升创业主体的市场占有率。

表2-4　农民工创业政策工具类型

供给型S		环境型E		需求型N	
基础设施	S1	财政支持	E1	政府采购项目	N1
公共服务	S2	金融服务	E2	国家涉农项目	N2
降低创业门槛	S3	组织协调	E3	支持农超对接	N3
提高行政效率	S4	市场监管	E4	建立区域性农村商品采购联盟	N4
土地供给	S5	宣传引导	E5	支持电商平台	N5
科技支撑	S6	人才队伍	E6	贸易保护	N6

通过对政策文件中所使用的政策工具类型进行编码，一份文件中多次出现同一类型工具只按一次计算（如两次出现基础设施相关工具，只算一个频次），汇总使用工具类型的频次。从下图（图2-2）可以看出，为了促进农民工创业，政府主要使用供给型工具和环境型工具，其中供给型工具为109次，环境型工具为110次，两者基本相当。但也可看出，2014年前，使用供给型工具相对较多，2014年后则环境型工具较多，这说明2014年前相对重视供给，而此后更重视投资环境建设；需求型工具总体应用较少，特别是在2015年前几乎没有，2015年后增加较为明显，总次数20次中，2015年有3次，这说明政策对于农民工创业的市场需求问题重视程度有所提高，但在总体上还是关注不够。从趋势上看，还是以2008年、2015年、2018年为节点，呈现出三个阶段性特征，特别是从2015年起，重视的程度以及持续性显著增强。

单位：频次

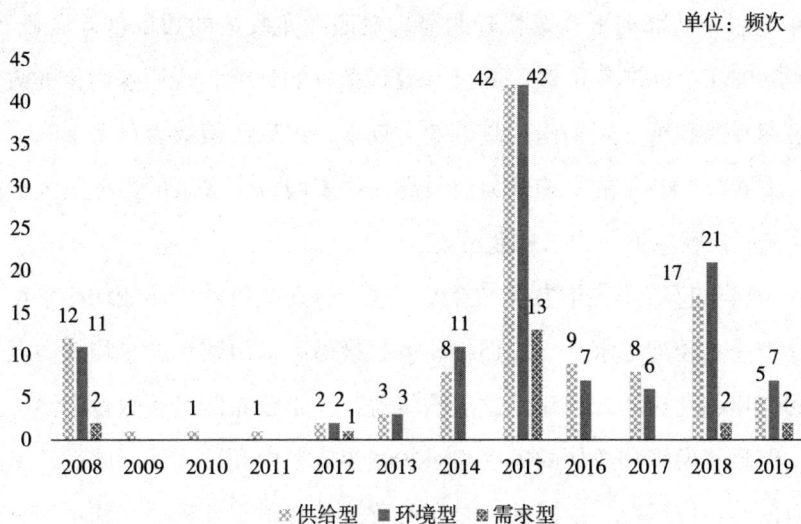

图2-2　农民工创业政策工具类型应用趋势

考察具体的工具，供给型方面S1（基础设施）最多，为32次，其次为S2（公共服务）29次，其他依次为S5（土地保障）14次、S6（科技支撑）13次、S4（提高行政效率）12次、S3（降低门槛）11次；需求型方面E2（金融支持）最多，为33次，其次为E1（财政支持）23次，其他依次为E3（组织协调）20次、E6（人才支撑）14次、E5（宣传引导）13次、E4（市场监管）7次；需求型方面，N5（对接电商）最多，为7次，其次为N1（政府采购）5次，其他依次为N3（市场对接）5次、N6（贸易保护）2次、N2（涉农项目）1次。这表明政府扶持农民工创业的政策主要还是基础设施建设、财政和金融扶持方面，这也是制约农民工创业的比较突出的问题。

（四）农民工创业政策效力分析

根据上文公式（1）（2）计算出农民工创业政策的政策年度效力得分及平均效力得分（详见图2-3）。从图中可以看出，整体效力具有较为明显的阶段性特征。

从2008年到2013年为第一阶段，这一阶段2008年总体效力值是高点，

2008年之后，从高向低滑落比较明显。对照发布政策的数量也是显著下降，这表明2008年、2009年的政策并没有得到很好的延续，说明这两年的政策是一个短期性的政策。短期内的政策效力较高，过后政策效力显著下降。从平均效力上看，2008年的平均效力值最高，这表明每个政策的力度很大，也表明政策实施比较急迫，力求短期见效。

从2014年起到2017年为第二阶段，这一时期政策效力比较均衡平稳，总体上处于一个较高的水平。2015年政策数量最高，但政策的平均效力低于此前的2008年和此后的2016年，这表明尽管这一年公布的政策数量很高，达到18项，但政策层级和总体的力度相对2008年比较中和，联系到此后政策的平均效力依然高位运行，说明这一时期的政策是着眼于长远的，并不刻意追求短期的效果。文件的份数多、整体效力高、平均效力中等，说明政策发布的目的是全范围解决制约农民工创业的各个方面的问题，从政策发布的部门来看，涉及的部门众多，每个部门集中解决一两个较为迫切的问题，因此单项的政策效力不会太高，众多部门整合起来就覆盖方方面面的问题，总体的政策效力当然较高。2016年和2017年，平均政策效力甚至高于2015年，也表明政策力度并未下降，同样说明这个政策是一个中长期的政策。

从2018年至今为第三阶段，这一阶段2018年整体效力有一个明显的提升，表明这一年发布的政策相对较多，政策力度也较大。但从政策的平均效力上看还是低于2008年，与第二阶段的水平相差不大。这表明这一时期的政策力度与第二阶段没有大的变化，变化可能在于政策目标和方向的调整。

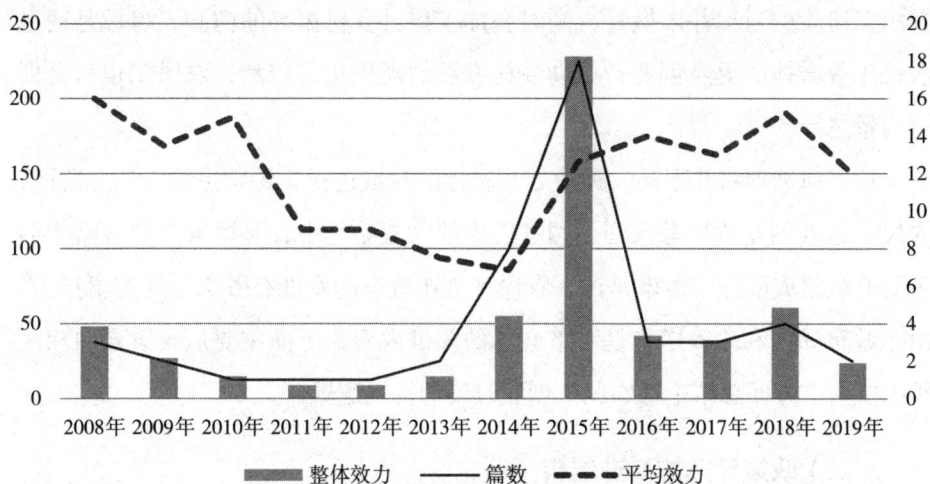

图2-3　农民工创业相关政策发布数量及效力值

　　总体来看，第一阶段是一个短期性的政策，第二、第三阶段是一个中长期的政策，第二、第三阶段政策力度变化不大，区别在于政策方向或目标的调整。

三、农民工创业政策的演进理路及深层逻辑

　　综合上述农民工创业政策的发布年度、目标指向、政策工具、政策效力四个维度的分析，可以初步发现我国农民工创业政策的演进理路及其深层逻辑。

（一）农民工创业政策的演进理路

　　农民工创业政策的演进理路表现出明显的阶段性特征，上述四个维度的文本分析都支撑农民工创业政策具有三个阶段的特征。第一阶段，从2008年到2013年，农民工返乡创业政策是因应金融危机的应急之举；第二阶段，从2014年到2017年，农民工返乡创业是国家为适应经济社会发展新形势，推动转型升级，创造新动能，促进社会阶层流动的需要；第三阶段是2018年至今，

其第二阶段的目标并未搁置，同时叠加了促进乡村振兴的内涵，目标是通过农民工等群体的返乡创业，推动乡村发展的现代化。当然，农民工也只是促进力量之一。

这一演进理路并不是一种缺乏系统性的政策进程，特别是第二、三阶段，农民工返乡创业政策融入到了国家发展的大战略之中，是国家发展战略中的重要有机组成部分。也就是说，农民工创业政策的发展有着深层的逻辑指引，由于政策导向和政策措施是政策文本的关键内容，下面主要从政策导向和政策措施两个方面总结论述农民工创业政策的发展逻辑。

（二）政策导向的演进逻辑

1.由就业到创业，创业带动就业

在第一阶段，是因应美国金融危机的冲击，维护社会稳定的需要。从上述政策文本的分析可以看出，2008年美国金融危机爆发之后，由于当时我国经济发展高度依赖于对外贸易。[①]对外贸易的减少导致大量农民工失去工作纷纷返乡，从而对我国经济社会稳定带来巨大冲击。为了解决这一急迫的问题，国家采取了大量有力度的政策促进农民工就业，由于农民工创业不仅可以解决创业者的就业问题，同时可以带动更多的人就业，因而鼓励农民工创业也就成为一个优先的政策选项。

2.由生存到发展，创业促进社会流动

在金融危机的影响消解之后，农民工就业问题不再是政府考虑的优先议题，所以在2009年之后，政策的力度大减。此后由于经济社会形势的变化，国家的发展面临着新的挑战，在经济发展上，转型升级必然会导致落后产能的淘汰，从而会带来农民工就业不足的问题；在社会发展上，社会公平正义问题日益受到关注，农民的阶层流动，特别是新生代农民工的社会流动对于

---

① 据新华网上海2008年5月10日电（记者姚玉洁、黄庭钧）报道，中国人民银行行长周小川10日在此间举行的2008陆家嘴论坛上发表主题演讲时透露，进入21世纪以来，中国国际贸易发展非常快，对外贸易占中国GDP的比重已经超过60%。

打破阶层固化意义重大。因此，这一阶段的政策不仅着眼于农民工的生存问题，还着眼于农民工的长远发展问题。

3.由离乡到返乡，创业促进乡村振兴

中共十八届三中全会把"完善和发展中国特色社会主义制度、推进国家治理体系和治理能力现代化"确定为全面深化改革的总目标，然而，如果没有农业农村的现代化，就没有国家的现代化。而中国最大的发展不平衡，就是城乡发展的不平衡。因此，中共十九大正式将乡村振兴战略列为决胜全面建成小康社会需要实施的七大战略之一。乡村振兴关键在人，吸引离乡的农民工返回家乡创业，也就成为一个重要的措施。

4.由返乡到入乡，创业主体多元化

正由于乡村振兴需要动员各方力量、整合各种资源，农民工虽然是其中的重要主体，但并非唯一主体。返乡的有农民工也有其他的党员、干部、大学生，还有企业、社会组织乃至有意于乡村创业就业的城市市民。这其中的很多主体就不是返乡而是"入乡"了。这表明中央政策一方面尊重农民工意愿，并不一味鼓励他们返乡创业，另一方面也意识到其他相关主体也有着参与乡村建设的愿望。不再以出身来确定参与乡村建设的主体，这是城乡融合发展思维的体现，是社会进步的表现。

（三）政策措施的演进逻辑

1.由被动对象到主体积极性的发挥

在第一阶段农民工创业政策中，农民工总体上是被动的，是被安排的对象。多数农民工失业返乡是被动的，主体积极性不高，自身准备也不足，很多因创业失败而返城。有些艰难创业的农民工，待到就业形势好转，也纷纷返城就业。而在第二三阶段的政策则更强调农民工主体积极性的发挥，政府方面面对的就业压力并不急迫，农民工返乡创业也不再是无奈之举，创业决策的作出是相对主动从容的，准备也更加充分，因而成功的可能性也相对

较高。

2.由政府主导向市场主导过渡

第一阶段的政策由于是应激性的政策，因而更强调政府做什么，能够拿出什么样的扶持政策。第二三阶段的政策则更坚持政府引导与市场主导协同，注重发挥市场的基础性作用。市场的调节作用更加灵活、及时，政府主导的政策往往比较被动、迟滞，更多地发挥政府的作用，同时发挥政府的引导职能，有利于农民工创业的顺利推进。

3.由供给导向向需求导向转变

在政策工具分析部分，我们注意到第一阶段的政策更多的是一种单向度的政策，并没有充分考虑到农民工创业最需要什么，比如在农民工创业的市场问题上着墨不多。后期的政策强调需求导向，强调尊重创业创新规律，一些政策能够立足需求侧考虑供给侧的政策指向，在公共服务上、在降低创业门槛、提高行政效率以及畅通销售渠道上加大了政策供给力度。

4.由政策单兵突破到政策并进协同

在第一阶段的政策中，很少有多部门联合发布的政策，也很少有明确的落实部门的政策。在第二阶段的政策中，部门联合发布的政策占有很大比例，最多的有十部委联合发文。同时多数政策明确了牵头部门、协同配合的部门。这样的安排有利于相关政策的落实，这也是后期政策的一个显著特点。

（四）深层逻辑："生存——发展"叙事与"供给侧本位——需求侧本位"叙事

基于上文的政策导向演进逻辑和政策措施演进逻辑的分析，我们可以发现政策导向演进逻辑的逻辑规律是"生存——发展"叙事，政策措施的演进逻辑是"供给侧本位——需求侧本位"叙事。

在"生存——发展"叙事中，所谓的"生存"，是指为了解决失业返乡这一急迫的生存问题，必须采取应急的政策，其中返乡创业也是一项可行的选择。在"生存"叙事中，两个关键主体，无论是政府还是农民工都是被动的，政府是一重被动——为经济形势所迫。农民工是双重被动，返乡是被动，创业也是被动；所谓的"发展"，是指着眼于农民工乃至整个经济社会的长远发展问题而采取长远的政策。无论是经济结构转型升级、农民工的纵向流动还是城乡发展的平衡，都是"发展"所需要重点关注的问题。在"发展"叙事中，无论是农民工本人还是政府部门都是主动，农民工返不返乡、创不创业都操之在我，政府部门也是主动的，尽管政府面临着一些现实的挑战，但都不是迫在眉睫的，可以从容考虑长远的发展问题，因此，将农民工创业问题纳入经济社会转型升级的大格局以及乡村振兴的大战略之中考虑，也就成了农民工创业政策的必然导向（表2-5）。

表2-5　农民工政策演进的深层逻辑结构

	政策导向演进逻辑	政策措施的演进逻辑
逻辑规律	"生存——发展"叙事	"供给侧本位——需求侧本位"叙事
概念意蕴	"生存"——失业返乡 "发展"——社会公平	"供给侧本位"——政府供给导向 "需求侧本位"——农民工需求导向
能动性	从被动到主动	从被动到主动
政策时域	从短期政策走向中长期战略	从短期政策走向中长期战略
政策效果	治标——治本	治标——治本
主次关系	主	次

在"供给侧本位——需求侧本位"叙事中，所谓的"供给侧本位"指的是，政府在政策工具的选择时主要考虑自己能够提供什么政策，而不过多考虑政策的作用对象的需求。在"供给侧本位"中，政府看似主动实则被动，因为相关政策工具的选择虽是政府的主动选择，但是在面对突发性的应急事件的时候，也是一种无奈的选择，要更多地考虑政策的反应效率，而不能充分考虑政策作用对象的感受和需求。而农民工则相对更加被动，在这种状态下，他们没有更多的选择。所谓的"需求侧"本位，指的是政府在政策工具的选择时更尊重政策作用对象的需求。在"需求侧"本位叙事中，农民工创业需求中一些长远、本质的问题能够得到更多的关注和重视，而不是追求短

期效应、就事论事。同时政府也会立足需求侧的需要，改进供给侧的供给内容和方式。

政策导向演进逻辑的"生存——发展"叙事与政策工具演进逻辑的"供给侧本位——需求侧本位"叙事两者并非平行关系，从本质上看，前者是"体"，后者是"用"，前者是目标，后者是工具，因此，从重要性上看，前者为主，后者为次。

根据以上逻辑规律的分析，我们发现，虽然农民工创业政策推行取得了巨大的成绩，但通过综合的文本分析我们也注意到当前的农民工创业政策还是存在着一些"政策导向"偏移和"供给侧本位"的问题，比如多数政策文本谈到农民工创业总是与返乡相联系，相关扶持政策也总是针对返乡创业，这显然受到有违社会公平的城乡二元意识的影响，体现为将农村与农民工天然连接在一起，而没有充分意识到农民工虽然来自农村，但并不天然属于农村，农民工的职业也并非农民，从而在操作上没有充分尊重农民工意愿，因为农民工创业不一定是返乡创业，大量的农民工有着留城创业的需求，而他们与城市市民相比，在城市创业面临着更多的现实困难，他们也需要适应他们需求的扶持政策；其次，提到返乡，多数政策都是指向农村，事实上很多农民工返乡不一定是选择在农村创业，选择在县城可能对他们创业更为有利；再次，多数扶持政策指向的是农业项目，比如种植、养殖，这种方向相对狭窄了，并不一定符合创业者的需要。这些问题，需要在今后的相关政策中予以完善。

第三章　农民工创业政策效果评估

一、农民工创业规模估计

关于农民工创业的总人数，目前国内还没有完整的统计数据。农民工创业人数，主要包括两个部分：农民工返乡创业人数、农民工留城创业人数。但目前缺乏详细、权威的数据资料。有的数据也比较零星，2016年12月农业部副部长陈晓华发布："近年来从农村流向城镇的各类人员返乡创业的人数累计达到570多万"（韩家慧，2016）。2018年1月，人力资源和社会保障部副部长张义珍披露，"目前我国返乡创业人员已超过700万"，"人社部对2000个村进行的监测显示，2017年第四季度返乡农民工中，选择创业的占10.9%"（邱钥，2018）。2019年6月18日，国家发改委在河南省汝州市召开支持农民工等人员返乡创业试点工作现场会，发布消息称"全国返乡创业人员已超过800万，带动的就业人数达到3000万左右"（荆文娜，2019）。从这些数据可以看出，到2019年全国返乡创业人员大约有800万人，不过不太确定这其中是否都是农民工，可能还包括返乡大学生、退伍军人等少量职业农民。不过，从趋势上可以看出，返乡创业总体上呈上升趋势。以上虽是由政府部门发布，但都是大约的数据。根据《中国统计年鉴》我们可以找到历年比较具体的数据，这就是中国乡村个体从业人员数量，乡村的个体户基本上都是农民创业者，当然不包括雇工8人以上的农民创业企业，所以这一数据会小于实际上的农民创业者的数量，同时，由于难以判别其中谁是返乡农民工，谁是普通农民，所以其中农民工返乡创业者的数量难以厘定，但对于判断农民工返乡创业的趋势还是有帮助的（见表3-1）。表中列出了从2000年至2016年各年度全国各省市乡村个体从业人员数量，以及全国的总量。

从全国的数据来看，从2000年起，乡村个体从业者2934万人，到2016年达到4235万人，增长率为30.7%，年均增长1.9%。从2000年到2004年呈下降趋势，这可能与这一时期的打工潮兴起，大量富余劳动力进城有关。从2005年到2008年，基本平稳。从2009年起开始大幅增长，特别是2009年增幅为8%。这明显与2008年美国金融危机，大量农民工返乡，国家鼓励返乡农民工创业有关。2009年以后总体呈增长态势，尽管此后金融危机已经缓解，这种增长趋势依然不变，这表明一方面与国家的鼓励相关，但更大程度上是农民工的自发需要（见图3-1）。农村个体从业者的比例，亦可从中推算出来，2016年全国农村从业人口36175万人，个体从业者4235万人，个体从业者占总数的11.7%。考虑到还有一些农民创办的企业，农村的创业者应高于12%。这是我们对农村创业人口的比例的基本判断，如果具体到农民工，应该小于这个数，因为这些创业者不一定都有农民工经历。

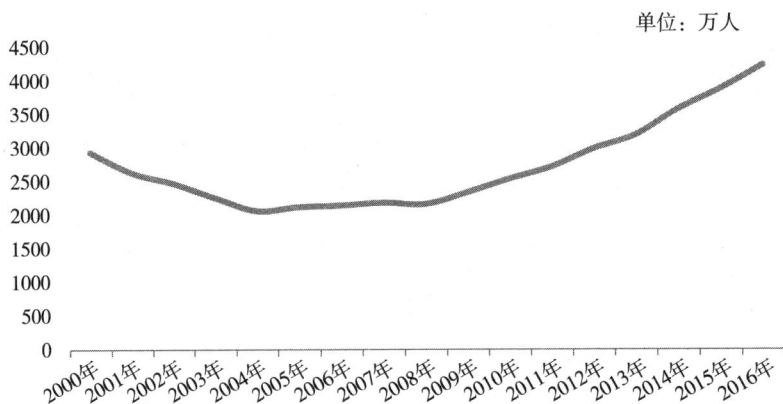

图3-1　乡村个体从业者数量变化（2000—2016）

数据来源：《中国统计年鉴》（2000—2016）。

以上是返乡农民工创业人数的大致估计，另一类留城创业的人数我们找不到任何的官方统计资料。只能根据一些线索推断，据国家卫生和计划生

表3-1　中国乡村个体从业人员数量（2000年—2016年）

	2016年	2015年	2014年	2013年	2012年	2011年	2010年	2009年	2008年	2007年	2006年	2005年	2004年	2003年	2002年	2001年	2000年
全国	4235.0	3882.0	3575.0	3193.0	2986.0	2718.0	2540.0	2341.0	2167.0	2187.0	2147.0	2123.0	2066.0	2260.0	2474.0	2629.0	2934.0
北京市	—	—	47.3	47.6	55.8	51.7	48.8	44.7	41.0	313.4	32.2	27.5	171.4	169.6	15.8	16.4	14.3
天津市	—	—	11.6	10.0	8.9	8.2	9.3	6.1	5.5	183.8	16.0	15.7	175.7	173.8	12.8	12.4	11.7
河北省	—	—	234.1	70.3	184.2	186.6	167.5	150.7	168.1	2846.5	187.2	176.5	2772.0	2748.0	210.5	314.7	568.7
山西省	—	—	116.6	101.5	81.5	74.2	68.0	65.8	61.0	1062.4	45.8	41.2	1021.5	1012.8	38.8	36.2	30.6
内蒙古	53.8	44.1	50.7	55.0	49.4	28.6	24.4	24.4	20.1	18.4	18.8	22.1	21.8	35.6	77.6	73.7	71.5
辽宁省	—	—	148.8	127.0	96.8	105.5	106.3	106.9	98.3	1153.6	85.2	104.2	1083.9	1016.3	147.5	124.2	118.4
吉林省	—	—	81.1	78.7	67.0	59.0	40.7	28.7	22.9	700.9	19.0	13.8	670.9	669.0	17.5	33.3	70.9
黑龙江	—	—	73.2	81.5	72.4	74.4	57.2	54.4	50.9	949.4	44.7	46.6	943.3	936.1	101.4	109.8	118.2
上海市	—	—	16.8	15.6	15.2	14.8	14.7	13.8	12.4	218.8	11.9	11.9	248.1	250.1	11.1	16.4	15.3
江苏省	—	—	168.7	181.7	168.1	158.8	137.3	117.3	103.7	2661.9	93.5	132.0	2664.8	2649.1	192.0	207.7	200.5
浙江省	—	—	228.0	201.2	226.2	214.2	182.0	170.9	156.7	2318.2	166.0	165.3	2252.3	2219.9	160.5	175.1	175.3
安徽省	—	56.9	60.3	80.7	65.5	72.7	67.5	78.5	100.1	133.5	162.6	143.3	137.7	157.5	194.2	200.0	201.6
福建省	—	—	102.8	79.5	87.7	81.0	93.3	64.5	47.5	1325.6	36.2	35.2	33.0	39.5	43.6	47.2	48.2
江西省	—	—	145.5	138.2	134.2	119.3	114.4	88.0	77.6	1678.6	68.1	63.6	1605.4	1588.4	77.8	78.8	78.4
山东省	640.7	535.2	447.3	376.3	317.8	285.9	281.4	240.9	213.0	214.6	198.5	190.2	3587.7	3590.8	3578.3	3589.9	3617.1
河南省	—	—	122.6	109.8	206.6	197.7	187.5	176.3	147.1	4814.6	139.0	137.6	4718.0	4695.0	131.6	144.9	184.3
湖北省	—	—	429.4	329.6	185.0	139.0	113.9	99.9	96.8	2030.6	89.7	86.8	1877.0	1832.5	118.7	124.8	114.3

续表

	2000年	2001年	2002年	2003年	2004年	2005年	2006年	2007年	2008年	2009年	2010年	2011年	2012年	2013年	2014年	2015年	2016年
湖南省	112.8	84.3	78.5	2914.4	2951.6	70.8	75.2	3027.7	66.4	62.1	85.2	74.2	67.3	49.7	53.5	--	--
广东省	143.9	149.8	146.6	2824.5	2944.6	183.3	174.1	3235.4	193.6	197.9	183.3	173.5	175.7	195.1	224.4	--	--
广西	71.6	74.9	74.4	2216.3	2245.4	73.8	75.6	2276.7	90.7	91.5	82.1	60.5	90.5	81.4	90.5	--	--
海南省	7.4	7.9	9.5	240.3	250.1	6.9	8.7	269.3	4.4	5.4	6.4	6.9	8.0	10.9	10.7	--	--
重庆市	52.4	49.6	51.9	1340.3	1361.5	31.0	19.4	1378.3	23.3	26.2	24.6	29.2	34.3	37.9	42.3	--	--
四川省	99.8	96.3	103.5	3759.6	3774.0	114.4	141.1	3879.0	138.0	150.0	165.9	180.8	196.8	260.9	132.3	--	--
贵州省	27.9	27.6	29.7	1874.9	1903.0	26.0	27.0	1982.1	36.2	42.0	43.9	56.9	69.4	99.5	125.7	--	--
云南省	50.1	54.9	54.9	2002.7	2030.0	58.6	76.5	2096.5	57.1	78.8	75.8	89.6	128.0	164.5	194.6	--	--
西藏	2.2	1.8	1.5	103.6	105.7	2.4	2.5	112.4	3.5	3.8	4.2	4.9	5.2	5.9	6.3	--	--
陕西省	122.6	139.8	134.9	1396.2	1425.5	87.1	79.8	1441.6	73.2	83.0	84.2	86.6	95.5	97.9	95.8	--	--
甘肃省	24.7	27.3	27.5	1050.5	1057.9	21.3	20.8	1095.6	25.4	29.4	31.9	42.9	47.2	56.6	70.6	--	--
青海省	5.3	6.5	7.5	7.7	8.6	10.5	8.4	4.3	4.6	6.7	5.8	6.3	5.1	3.3	4.4	2.2	2.7
宁夏	5.7	6.1	6.9	208.5	4.8	4.7	4.9	4.7	7.2	10.5	15.6	16.5	17.0	21.6	20.9	--	--
新疆	19.8	19.1	20.0	18.7	19.0	18.8	19.2	19.9	20.8	21.5	23.5	17.9	23.2	24.0	18.4	--	--

资料来源：《中国统计年鉴》（2000—2016）。

育委员会流动人口司的一项抽样追踪调查，2013全部受调查的8422位农民工中经商的占23%（图3-2）。如果按照这一比例推及全体，2013年农民工总数26894万人，则经商农民工达6186万人，这是一个非常大的数字。这个数据要高于上文中在农村中从事个体经营的农民数量。也与我们的实际体验并不相符。后来在其《中国流动人口发展报告2018》中发现，其将商贩、销售归为一起，而销售人员虽然也是经商，但不一定是独立的创业人员，所以我认为这个数据并不代表实际的创业人员数量。

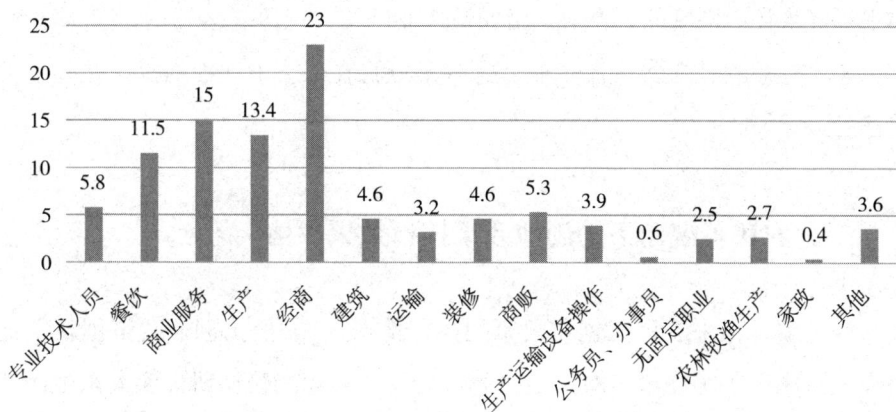

图3-2　原国家卫生和计划生育委员会流动人口司对农民工职业的分类

数据来源：《中国流动人口发展报告（2014）》。

　　而据学者的研究文献，赵浩兴在沿海的调研中发现，在1376位有意愿创业的农民工中，有意愿留城创业的为54.7%，返乡创业的为45.3%（赵浩兴，2012）。郭星华、郑日强在北京和珠三角的调研表明，474位受访者中，选择留城创业的占49.37%，选择返乡的占38.82%，其他11.8%，总体上看，选择留城创业的要超过返乡创业的（郭星华、郑日强，2013）。

　　这样看来，无论是从意愿上还是从行动上看，农民工留城创业的都要显著高于返乡创业人数。

　　从以上的数据分析可以表明，我国农民创业者数量巨大，在乡村创业的接近5000万人（含个体从业者），其中返乡创业的农民工近800万人。同时，农民工在城市的创业者超过了在农村的创业者。两项合计，我们合理推断，中国农民创业者总数接近1亿人（含个体从业者），农民工创业者包括返乡创业和在城市创业的接近7000万人（含个体从业者）。尽管这些创业者的创业规模普遍不大，很多都是个体户、夫妻店，但是其积极意义是明显的，一是安置了大量的就业者，就业乃民生之本，其社会意义不可估量；二是有利于我国经济的活力和韧性，草根创业扎根社会底层，灵活反映基层需求，其生存能力强，是我国抵御经济风险的稳定器；三是这些草根创业活动中不断涌现出引领经济社会潮流的大企业，诸如快递业巨头"三通一达"，手机玻璃行业领头羊"蓝思科技"等一流企业。这些案例将在下文中详细剖析，在此不再赘述。

二、农民工视角下的创业政策执行效果评估

为了解几年来农民工创业政策的执行情况，"农民工创业政策创新实证研究"课题组于2018年7-8月、2019年1-2月，组织28位调研员深入东中西部地区的乡村进行调研，通过发放问卷，与村支书、农民工创业者、普通农民工进行深度访谈，最后共回收有效问卷1093份，深度访谈79份，涉及14个省、直辖市、自治区，重点覆盖四川、江西、湖北、湖南、河南、安徽等农民工输出大省，也有浙江这样的农民工输入大省。其中深度访谈资料有25万字。

表3-2　问卷对象描述性统计

项目		地区		
		中部地区	西部地区	东部地区
年龄	18 岁以下	13（2.25%）	11（2.64%）	1（0.50%）
	19-34 岁	229（39.62%）	138（33.09%）	35（17.50%）
	35-45 岁	203（35.12%）	132（31.65%）	80（40.00%）
	46-59 岁	115（19.90%）	114（27.34%）	75（37.50）
	60 岁及以上	18（3.11%）	22（5.28%）	9（4.50%）

项目		地区		
		中部地区	西部地区	东部地区
性别	男	359（62.11%）	268（64.11%）	128（64.00%）
	女	219（37.89%）	150（35.89%）	72（36.00%）
婚姻状况	未婚	134（23.22%）	82（19.90%）	28（14.07%）
	已婚	443（76.78%）	330（80.10%）	171（85.93%）
教育程度	小学及以下	107（18.51%）	92（22.01%）	5（2.50%）
	初中	268（46.37%）	155（37.08）	63（31.50%）
	高中	94（16.26%）	67（16.03%）	44（22.00%）
	中专	40（6.92%）	32（7.66%）	43（21.50%）
	大专	37（6.40%）	45（10.77%）	29（14.50%）
	大专以上	32（5.54%）	27（6.46%）	16（8.00%）
外出打工时间	2 年及以下	83（14.36%）	75（17.94%）	17（8.50%）
	3–5 年	136（23.53%）	93（22.25%）	48（24.00%）
	6–10 年	151（26.12%）	136（32.54%）	61（30.50%）
	11–20 年	137（23.70%）	65（15.55%）	51（25.50%）
	20 年以上	71（12.28%）	49（11.72%）	23（11.50%）
月收入	2000 元以下	63（10.92%）	55（13.19%）	9（04.50%）
	2001–3000 元	91（15.77%）	94（22.54%）	45（22.50%）
	3001–4000 元	121（20.97%）	131（31.41%）	67（33.50%）
	4001–5000 元	129（22.36%）	64（15.35%）	40（20.00%）
	5000 元以上	173（29.98%）	73（17.51%）	39（19.50%）
就业地区	省外城市	325（56.42%）	144（34.87%）	9（4.50%）
	省内的省会城市	54（9.38%）	108（26.15%）	27（13.50%）
	省内的其他城市	69（11.98%）	68（16.46%）	44（22.00%）
	家乡县城	79（13.72%）	60（14.53%）	91（45.50%）
	老家	47（8.16%）	23（5.57%）	26（13.00%）
	其他	2（0.35%）	10（2.42%）	3（1.50%）

（一）创业政策的知晓度

从问卷返回数据来看，总体上受访农民工对国家推出的农民工创业政策是了解的。19.2%的受访者表示很了解、67.1%的受访者表示了解。不是很了解和没听说的占比13.5%。这表明国家推出的"大众创业，万众创新"的政策宣传力度还是非常大的，国家支持农民工创业已经深入人心。

表3-3 您是否了解政府对农民工返乡创业的扶持政策

		次数	百分比	有效的百分比	累积百分比
有效	很了解	230	19.2	19.2	19.2
	了解	803	67.1	67.2	86.4
	不是很了解	146	12.2	12.2	98.7
	没听说	16	1.3	1.3	100
	总计	1195	99.9	100	
漏填		1	0.1		
总计		1196	100		

特别是近年来一些地方政府为了促进地方经济发展，开始千方百计吸引本地户籍的外出农民工返乡创业，既打亲情牌，又打经济牌。比如，河南新乡市循循劝说农民工："算算经济账、时间账、亲情账，在家上能赡养年迈父母，下能照顾年幼子女；在家外能务工自主创业，内能和谐家庭关系。""家乡人民正翘首以待，深切呼唤你们回来创业就业、施展才华。"[1]湖南双峰县："家乡的就业道路一样宽，家乡的创业舞台一样大。""双峰的建设需要你们，双峰的发展离不开你们。我们将竭诚为您参加培训、实现就业、投资创业、发家致富和权益保障提供热情、高效的服务。热忱欢迎您回乡创业、就近就业。"[2]其急切欢迎之情溢于言表。河南民权县不忘端出政策"牛肉"："为鼓励和引导大家在家乡就业、创业，县委、县政府出台了《民权县高新区企业用工优惠政策（试行）》《民权县转移就业奖补办法》《民权县转移就业扶贫实施方案》等一系列就业、创业激励政策，为返乡就业、创业人员提供养老保险补贴、教育助学生活补贴、子女在其工作单位就近入学、参加优秀返乡就业者评选等优惠政策支持。"各地政府通过传统媒体、新媒体以及横幅、传单、

---

① 资料参见《新乡日报》，2019年2月1日，第4版。

② 资料详见双峰县人民政府：致全县返乡人员的一封信，www.hnsf.gov.cn，访问时间：2019年1月。

座谈会等形式宣传当地扶持政策，其宣传力度是非常大的。客观地说，支持农民工创业既是中央的要求，也是地方的客观需要，地方政府的内生动力是非常大的。

关于农民工具体了解哪些扶持政策，我们也进行了调查（表3-4），从中可以看出，农民工所知道的优惠政策依次为：资金扶持、审批方便化、创业场地支持、技能培训、税收减免等。

表3-4　您知道的当地政府对创业的扶持政策有哪些

项目	N	百分比	
资金	929	30.50%	78.70%
审批	426	14.00%	36.10%
场地	451	14.80%	38.20%
信息技术	208	6.80%	17.60%
技能培训	433	14.20%	36.70%
创业园	99	3.20%	8.40%
税收减免	303	9.90%	25.70%
不知道	151	5.00%	12.80%
其他	47	1.50%	4.00%
总计	3047	100.00%	258.00%

（二）影响创业意愿的主要因素

分析问卷数据，考察创业意愿的主要因素。发现，性别对创业意愿有显著影响（$P < 0.05$），影响时负向的，即女性的创业意愿小于男性。外出打工时间、创业经历和是否了解政策对创业意愿有极显著影响（$P < 0.01$），其中外出打工时间的影响是负向的，创业经历和是否了解政策的影响是正向的，即外出打工时间越长，创业意愿越低，有创业经历者比没有创业经历的人创业意愿高，越了解政策，创业意愿越高。根据统计分析结果，打工时间小于20年的各个阶段中，创业意愿均没有显著升高，高于20年，极显著降低，因此判定打工时间是负向影响，不分阶段。

表3-5 创业意愿的影响因素

项目	非标准化系数		标准系数	t	显著性
	B	标准错误	Beta		
（常量）	.871	.165		5.269	.000
年龄	−.023	.030	−.028	−.789	.430
性别	−.112	.044	−.070	−2.567	.010
地区	−.051	.030	−.049	−1.694	.090
婚姻状况	.117	.062	.061	1.897	.058
教育程度	.025	.016	.046	1.544	.123
外出打工时间	−.069	.021	−.109	−3.336	.001
月收入	.001	.018	.001	.038	.970
就业地区	.002	.015	.003	.103	.918
创业经历	.699	.046	.411	15.207	.000
是否了解政策	.142	.034	.110	4.126	.000

（三）创业政策与农民工返乡创业的决策

为考察农民工创业的决策机制，我们建立了三个模型，模型一考察农民工个人特质（如性别、年龄、地区、婚姻状况、教育程度）对农民工返乡创业决策的影响；模型二结合个人特质和社会经历（如外出打工时间、月收入、就业经历、创业经历）考察其对农民工返乡创业决策的影响；模型三结合个人特质、社会经历与外部影响（着重于是否了解政策、政策扶持情况）考察其对农民工返乡创业决策的影响。

表3-6 返乡创业的决策机制

变量	模型一 个人特质		模型二 个人特质与社会经历		模型三 个人特质、社会经历与外部影响	
	系数	标准差	系数	标准差	系数	标准差
（常量）	1.482	.186**	2.138	.190**	2.014	.200**
性别	−.008	.051	−.096	.048	−.093	.048
年龄	.031	.043	.036	.040	.038	.040
地区	−.047	.032	−.067	.031*	−.074	.032*

续表

变量	模型一 个人特质		模型二 个人特质与社会经历		模型三 个人特质、社会经历与外部影响	
	系数	标准差	系数	标准差	系数	标准差
婚姻状况	.121	.073	.173	.071*	.163	.071*
教育程度	−.129	.028**	−.120	.027**	−.128	.027**
外出打工时间			−.048	.021*	−.043	.021*
月收入			−.090	.018**	−.092	.018**
就业地区			−.044	.016**	−.047	.016**
创业经历			−.137	.045**	−.135	.045**
是否了解政策					.083	.041**
政策扶持					−.005	.020
R	.313		.494		.503	
R2	.098		.244		.253	
ΔR2	.086		.227		.231	
F 值	8.322		13.658		11.652	

注：*、** 分别表示 5%、1% 显著性水平上统计显著。

结果表明，三个模型均显示，教育程度对返乡创业有极显著影响（P < 0.01），该影响是负向的，教育程度越高，越不愿意返乡创业；性别和年龄均对返乡创业没有显著影响（P > 0.05）。模型二和模型三显示，地区和婚姻状况对返乡创业影响显著（P < 0.01），西部地区和已婚者的返乡创业意愿高；外出打工时间、月收入、创业地区、创业经历对返乡创业影响极显著（P < 0.01），影响是负向的，外出打工时间长、收入越高、有创业经历和省外城市就业者不愿意返乡创业。模型三显示，对政策的了解程度对返乡创业有极显著影响（P < 0.01），该影响是正向的，即对创业政策越了解，越愿意返乡创业。

（四）对创业政策的评价

考察农民工对于创业政策的评价情况，从总体上看，农民工群体对创业政策的评价是积极的，认为执行效果非常好的占16%，比较好的占45.4%，好的占15.9%，一般的占15.4%，不理想的占6.5%。进一步考察返乡创业政策的影响因素，分析结果表明（见表3-7），创业打算对创业政策评价没有显著影响（P＞0.05）。是否享受优惠政策对创业政策评价影响极显著（P＜0.01），且该影响是正向的，即，享受优惠政策者对创业政策评价优于未享受优惠政策者。仅有创业打算者难以评价创业政策，而享受到创业政策者对创业政策给予了积极评价。

表3-7　创业政策评价的影响因素

项目	非标准化系数		标准系数	t	显著性
	B	标准错误	Beta		
（常量）	1.462	.181		8.081	.000
创业打算	−.055	.061	−.038	−.899	.369
是否享受	.974	.122	.340	8.006	.000

三、政策执行总体成效

总结这次调研，我们发现这几年的农民工创业工作有如下亮点：

（一）劳动力密集型产业随农民工创业向中西部转移

2015年的国务院文件中提出的主要任务中的一条就有"促进产业转移带动返乡创业"。在这次调查中我们就发现不少沿海发达地区的劳动力密集型产业随农民工返乡创业而转移到中西部地区的案例。由于发达地区近年来迫于用工成本、土地资源紧张及环保压力，不得不压缩沿海产能，并将部分产能向中西部地区或者东南亚等发展中国家转移。在我们的调研中发现几类情况，一种是在城市创业的农民工企业家将工厂向家乡转移。比如赣州市宁都县谢村村一位农民工企业家在广东有一个制衣厂，又回家开了一个，并委托自己的侄儿管理，这家工厂不管设计和销售，只管生产；[①]一种是原来在沿海有工厂，后来将工厂整体搬回老家，比如安徽三联村的吴某，就将其在浙江海宁的手套厂搬回了老家；[②]一种是原来在沿海只是一个普通员工或者管理人员，回家后联系原来工作的企业在老家开起工厂为其提供生产服务。比如河南省柘城县岗王镇门楼王村的一位创业者原来在沿海某服装厂只是一个普通工人，因家庭原因返乡后办起了服装厂并主动与原老板联系，原老板开始只是试探性地给她一些订单，后来做起来了，现在安置了当地农民50人左右。[③]我们这次搜集的集中在农村创业的案例，不包括在中西部中小城市创业的案例。如果包括这些，这种劳动力密集型产业随农民工返乡创业而转移的比例无疑会更大。劳动力密集型产业向中西部地区转移，有利于农民工就近就业，有利于乡村繁荣，有利于缩小城乡差距和地区差距，其意义巨大。

（二）产业扶贫与农民工创业互相促进

中共十九大之后，脱贫攻坚工作已成为不少中西部地区乡村的中心工作。除了"输血式"式的、提供"兜底"的社会保障方式之外，具有"造血"功能的产业扶贫市场化方式已受到高度重视。产业扶贫的关键是要调动农民的就业、创业主动性，青壮年农民工是村庄中的精英，他们是村庄产业发展的中坚力量，因此，在现实中农民工返乡创业行动往往是与村庄的产业扶贫工作结合在一起的。在我们这次的调研中发现有几种有效形式：

一种是充分利用国家对贫困村的投入集中力量发展出优势产业后，吸引农民工大量返乡创业。莱西市日庄镇沟东村2014年被认定为省级贫困村，利用精准扶贫政策把特色农产品葡萄产业做大做强，发展出了如"莱西市环湖葡萄节"等乡村旅游项目，到2018年为止，村民的主要收入就是种植无核葡萄，并且吸引大部分具有劳动能力的村民返乡。一种是返乡农民工利用扶贫贷款作为启动资金开展创业活动。这种形式的案例非常多，比如江西青塘镇

---

① 访谈编号：JIANGXI201902XC02。
② 访谈编号：ANHUI201902SL02。
③ 访谈编号：HENAN201902MLW01。

谢村村农民工通过申请扶贫贷款合伙养殖鸭嘴鱼，取得了较好的效益。一种是农民工返乡创业安置贫困户就业，当地政府提供就业补贴，这使得创业者的企业在用人上更有竞争力。比如江西安远县规定：针对全县7个深度贫困村的贫困人口，凡吸纳到扶贫车间就业或通过外发带回家加工就业的，均按照实发工资的1：1给予每人每月最高不超过300元的岗位补贴。一种是贫困户通过扶贫资金入股农民工创业企业，企业给贫困户固定回报。这种方式贫困户风险较小，回报比较固定。比如麻城市黄土岗镇堰头垸村将贫困户的扶贫贷款统一贷给农民工创业者的清明花厂，创业者需付出10%的利息，并提前付给贫困户。不过创业者认为利息太高，准备下次不要这种贷款。

国家的扶贫政策力度大、效率高，通过产业扶贫对于相关的农民工创业者来说，在贷款、用工以及市场推广方面享受到实实在在的便利，因而产业扶贫与农民工创业在一定程度上可以实现互相促进。

（三）互联网+助力农民工创业

随着智能手机在广大农村的普及，以及电商平台、社交平台"下乡"力度的加大和快递企业的渠道下沉，农村产品的上行以及相应资源的下行效率相对于过去有了革命性的提升，利用互联网开拓市场成为农民工返乡创业的一个有效手段。农民工返乡创业对于互联网的运用，一是体现在对于信息的获取上，无论是国家政策、生产技术、市场信息，人员的联络都可以非常方便地通过一个小小的手机实现；二是通过互联网开拓市场，过去农村产品的外销受制于空间的阻隔比较大，而现在借助互联网无限放大了市场空间。在这次调研中，陕西吴堡县的农民工向我们表示，她创办了一家网店销售当地特产空心挂面，线上营销额相当可观。当地政府还非常鼓励他们在网上销售，给了他一万元的资助，同时承诺网店做到一定规模之后还会为其提供免息贷款。还出现了许多新型经营形式，比如赣南农民工脐橙成熟后以较低价格与微商合作，微商负责接单，农民工创业者负责发货，双方之间分工明确。江苏沭阳年轻农民工在淘宝、快手等视频网站上直播卖盆景、月季花，家里的老人则负责在大棚里劳作，一家人分工合作，其乐融融。三是一些地方设立电商中心，为创业者提供综合服务，四川石佛镇廖家沟村、简阳丙灵村都设有这样的电商中心。

对于返乡农民工来说，互联网等新鲜事物他们的接受程度较高，利用的能力也强，在一定程度上降低了农村创业资源聚集度不高的劣势，从这次调研的情况来看，确实是应用程度较高。

（四）部分农民工精英回乡创业反哺家乡

客观地说，并不是所有农民工都有意愿返乡创业。这次调查表明，有40.25%的农民工没有创业的考虑，那些有想法的农民工一般也对返乡创业持谨慎态度。国务院文件也是强调鼓励积累了一定资金、技术和管理经验的农民工创业。我们这次的调研表明，普通农民工返乡创业一般都规模不大，且一般从事的是种植、养殖业，辐射和带动能力有限。与此相反，部分在外地经营有成的农民工返乡创业，其影响力远超普通农民工，其经营理念、规模、辐射带动能力都可圈可点。比如四川省简阳的徐刚在沿海地区担任公司总经理多年，事业有成，由于其早年父母双亡，受乡亲恩惠较多，而所在村子依然是贫困村，他决心返乡带领乡亲致富。在他的带领下，该村2015年人均年收入4710元，2016年增长至6600元，2017年一跃达到14100元，实现了收入"三级跳"。丙灵村的脱贫致富之路在2018年"天府源"成都市首届乡村振兴"十大案例"决赛中成功入选。在我们调研的浙江桐庐市，由于"三通一达"等农民工创业企业的成功，他们反哺家乡，在老家办起了印刷厂、培训中心等项目，其中中通投入达到35亿元，圆通7亿元，申通20亿元。这些农民工精英的返乡虽然人不一定回去，但是资金、项目、技术、市场回去了，其对家乡的带动作用非常大。所以说，对于农民工返乡创业，不一定要追求人数多，更应该关注其影响力、带动力。

（五）一些地方政府创新推动能人返乡

客观地说，尽管从中央层面到地方层面都是重视农民工返乡创业工作的，但将其作为中心工作来抓的不多。我们在调研工作中也发现一个典型，该地对返乡创业工作真抓实干，也抓出了成效，这就是湖北省黄冈市。黄冈市为推动能人返乡创业出台了一系列政策，第一，将其作为"一把手"工程，作为全省市州中第一个对能人回乡的引进时间、数量和规模明确量化的地区，每月公布一次排名，实行量化考核。第二，市委、市政府把实施能人回乡创业"千人计划"，作为"一把手"工程，印发了《关于引导能人回乡创业加快培育精准扶贫和乡村振兴新动力的通知》，出台了《黄冈市支持"三乡"工程建设的若干政策》，从用地、融资、项目、品牌等多个方面量身定制了十九条支持政策。同时，还出台了《关于完善农村土地所有权承包权经营权分置办法的实施意见》《关于深化农村集体产权制度改革的实施意见》，为实施能人回乡创业"千人计划"提供了强有力的政策保障。第三，聚焦"三农"。通过吸引能人回乡创业，聚焦农业农村农民，发挥资源优势，面向市场需求，促进农业资源与社会资本对接、推进小农户与大市场对接，共同分享产业价值链，受益增值链，着力解决"三农"发展问题。截至2018年11月15日，黄冈市通过能人返乡项目，其经济水平得到了大幅提升。签约项目高达1195个，协议投资额为995.96亿元，建立返乡创业示范园区29个，形成汽配纺织、蕲艾大健康、休闲旅游、现代种养等产业，吸纳就业27.6万人，实现工资收入约8.2亿元，年创产值1200.7亿元。黄冈市抓能人返乡抓出了成效，能人之中有很大一部分出身农民工，黄冈的经验值得其他地方借鉴。

第四章　农民工创业典型案例分析及其启示

当前，提起农民工创业，有一种惯性思维，以为农民工创业就是小打小闹，要么在城里开个餐馆、摆个小摊；要么返回老家，做个种植、养殖的专业户。当然，当前多数农民工创业可能是这样的，但并不意味着没有大的成长空间。就是城里人创业，哪有多少人有很高的起点呢？又有多少城里的创业者有很大的作为呢？这种思维本质上是对农民、农民工的轻视，认为他们没有文化、技术和资本去做一番大事业。经过我们的文献搜索和实地考察，发现在现实中存在着很多农民工创业成长为知名企业家、小品牌成长为全国知名品牌、小门店成长为大企业的案例，而且这样的案例不仅出现在江浙这样的沿海发达地区，在中西部地区同样广泛存在。

在我们关注到农民工创业成功的典型案例中，农民工创业既有个体创业成功的案例，更有群体成功的案例。农民工创业集群是农民工创业中一个比较突出的现象，这一点与城里人创业有很大区别。因为是集群创业，所以安置的就业人口多，辐射半径大，社会影响广，也是其与城市户籍人口创业不同的现象。

一、农民工集群创业典型案例

农民工集群创业是基于创业农民工的亲缘、地缘关系，由个别农民工精英创业先行，闯出市场后，亲戚、老乡纷纷效仿，市场半径不断扩大，原有社会网络不断扩张，从而形成一个较有影响力的创业集群。我们这里，将农民工集群创业的行为，按创业地域进行分类，分为农民工城市集群创业和农民工返乡集群创业。

（一）农民工城市集群创业

农民工城市集群创业中的首创者一般最初是城市打工的农民工，由于个人有创业意愿，在具有一定的资本积累和具备一定的机缘之后选择创业。所选择的行业一般都是初始投入较少、进入技术门槛较低的服务业。我们目前发现具有全国性影响力的创业集群主要有以下七个（见表4-1）。

表4-1 中国主要农民工创业集群

创业集群	创业者输出地	产业	规模估计
"三通一达"	浙江桐庐	快递业	占全国市场60%
沙县小吃	福建沙县	餐饮业	餐饮业三强之一
兰州拉面	青海化隆	餐饮业	餐饮业三强之一
安义不锈钢门窗	江西安义	装修业	占全国70%以上
新化复印业	湖南新化	复印业	占全国市场65%
溧阳电梯维修	江苏溧阳	电梯维修	占全国市场80%
莆田系民营医院	福建莆田	医疗服务	中国民营医院80%

资料来源：作者根据公开报道搜集整理。

1.快递桐庐帮"三通一达"

"桐庐帮"最初创业的是来自浙江的农民工聂腾飞，他最初在杭州印染厂打工。1992年邓小平"南方谈话"发表之后，全国掀起新一轮创业热潮。1993年聂腾飞和工友詹继盛辞去工作，创立了"盛彤"公司，具体的工作就是帮企业送货，比如把货送到火车站，或是把货从火车站拉回来送到企业，他们还代企业出差，将企业的报关单送到上海海关。

"盛彤"公司的生意越做越大，不断扩张，从杭州到上海、宁波、慈溪。在聂腾飞的召唤下，家乡的父老乡亲纷纷借钱筹款，走出大山，到省城、到经济发达地区建网点、加盟当老板。加盟和承包费都很低，村民只要象征性地交点钱，在城里租间房子，装部电话，买几辆自行车，就可以开门营业了，产生业务之后，每单只需要向总部缴纳1元或1.5元的面单费，剩余收入全归自己支配。富有创造力的中国农民将自己熟悉的"联产承包责任制"移植到城市，这和"交足国家的，留够集体的，剩下的都是自己的"模式高度相似。这些快递小老板积极性高涨，不需要其他任何激励的手段，自己就能起早贪黑跑业务。随着业务的增长，收益也越来越丰厚，搞得好的往往年初背着个蛇皮袋出去跑快递，年底就能开着一辆小车回乡，在典型的示范效应下，周边越来越多的农民追随聂腾飞出外淘金。1998年，聂腾飞遭遇车祸罹难，其妻弟陈德军接任申通负责人，其父亲和弟弟出走创立韵达公司，此后，其同乡喻渭蛟、赖梅松先后创立圆通、中通。近年来，"三通一达"全部上市。截至2018年底，全国业务量最大的六家上市公司中，有五家属于"桐庐系"。①

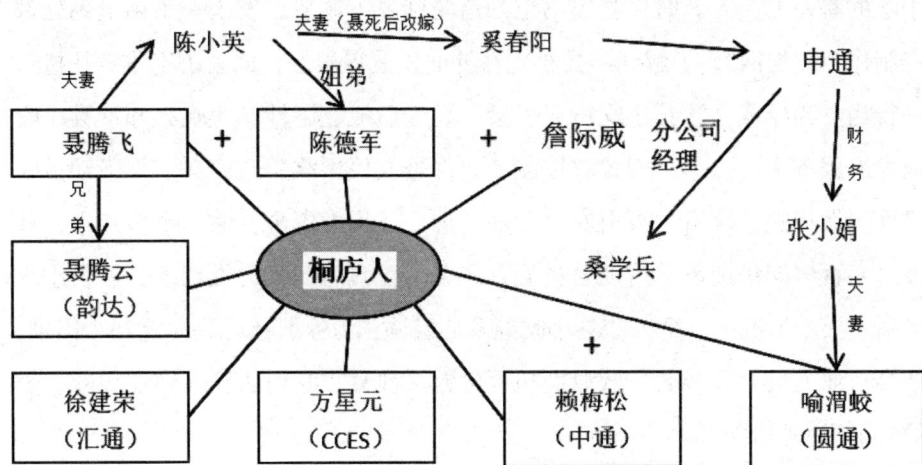

图4-1　快递业"桐庐系"负责人关系图

2. 福建沙县小吃

与其他农民工群体创业不同，沙县小吃创业之初与一次"不光彩"的事件有关。1992年的沙县投机风气比较盛行，民间的"标会"资金链突然断裂，许多债主身负巨债无法偿还，狼狈外逃。今天的沙县小吃的领军人物邓世奇

---

① "三通一达"创业经历资料主要来源于课题组在上海"三通一达"总部的调查研究，调研得到了韵达快递周柏根、圆通快递相峰、中通快递赵伟、申通快递矫仁海和周思伟等人的宝贵支持，在此一并致谢。

就是其中之一，邓世奇本来日子过得不错，他本人在县城影楼搞摄影，妻子开了两家店，每月收入有一两千元，1991年底，邓世奇第一次"叫标"，从一家标会融资一万多元，准备扩大经营。钱刚到手就被会长借走九千，没想到会长第二天跑了。接着，邓世奇参加的其他29个标会都出了问题，他负债十几万元，根本无法偿还，他也选择了跑路。为了谋生，他和妻子带了五千元钱和鸳鸯锅、木槌等制作沙县小吃的必要工具，跑到厦门，开了小吃店。开张第一天，营业额388元，远超预期。他的小吃店只做三种食品，拌面、扁肉和茶叶蛋，价格便宜，"一元进店，二元吃饱，五元吃好"吸引了大量的外出务工人员消费，每天卖出四五百碗。他的成功影响了其他人，第一批逃标者很多开起了小吃店。其他沙县人也纷纷外出开店。到1996年，外出经营沙县小吃的有一万多人。时任县委书记刘道崎到乡下调研，发现一条街上到处都在制作"鸳鸯锅"，了解到沙县小吃在外面发展得很好，回去决定重点扶持这一行当。当年成立沙县小吃行业工会，还先后成立了沙县小吃办和沙县小吃业发展服务中心。为了安置农民就业，促进农民增收，政府自上而下动员农民外出做小吃，政府为吸引农民参加培训，还提供资金补贴。十多年来，共办过六百多期培训班，培训学员五万多名。在政府的强力推动下，沙县小吃迅猛发展。据统计，全国沙县小吃经营店已逾三万家，还开到海外15个国家，沙县从业人员六万多名，营业额超百亿元。沙县小吃门店已入驻亚、欧、美的56个国家和地区。①

3.青海兰州拉面

兰州拉面和沙县小吃一样遍布全国大街小巷。事实上，兰州拉面并非来自兰州，而是来自青海省偏远小县化隆。开创兰州拉面的第一人是卧力尕山沟里的韩录。1984年，韩录带妻子在拉萨市开了第一家拉面馆，生意很好，年收入有一万多元。两年后，用挣的钱跑运输，到海西金场挖金子，结果赔

---

① 沙县小吃资料主要来源于调研员在相关沙县小吃门店对创业者的调研。部分数据来自公开资料，详见何欣：为什么乐相森被称为沙县小吃第一人？《都市快报》，2011年10月14日09版。方炜杭等：沙县小吃产业加速跑——沙县推动小吃产业高质量发展，《福建日报》，2019年11月11日。

了本。1989年，他又携妻子到沿海的厦门市，投资七千元开了一家拉面店。刚开始当地人并不习惯这一北方饮食，他把案板摆到店门口，展示他的拉面绝技，吸引游客围观，很快销量就上来了，当年纯收入达到了五万元。生意越来越红火，他进一步扩大门面，人手不够，他就邀请亲戚朋友过来帮忙，很快又开起了连锁店，加入的老乡越来越多，此后这些人中不断有独立开店的。"一年跑堂，二年师傅，三年开店"成为化隆人创业的典型模式。由于兰州拉面名气比较响，很多店铺挂兰州拉面的招牌。[①]

化隆外出农民工自发蹚出的创业路，引起了当地政府的高度重视与关注。政府认为这一产业对于当地群众的脱贫致富意义巨大，针对发展中存在的问题需要政府予以积极引导。政府主要做了几件事：一是为拉面在流入地的发展保驾护航。在全国45个大中城市设立拉面办事处，选派54名工作人员为"拉面"务工人员在办理证照、子女入学、解决纠纷等方面提供服务；二是加大对拉面从业人员的培训力度，投入1840万元，从职业道德、经营理念等方面入手，培训拉面匠等3.4万人（次），"先培训、后输出"为拉面产业发展提供人才保障；三是为拉面产业的升级提档提供支持。自发市场容易导致恶性竞争，进而损害产业形象，当地政府通过注册品牌、规范服务、制定标准等形式帮助创业者维护、提升品牌形象。同时，引导市场完善产业链，在肉牛养殖加工、蔬菜种植、冷藏配送等方面为创业者提供配套服务，也带动了一批农民工返乡创业。

化隆县的拉面经济外溢到周边县市，带动了更多农民工创业。据统计，截至2018年底，整个海东市农民工在全国270多个大中城市开店达2.63万家，海外200多家，从业人员16.9万人，相关经营收入48.51亿元，利润达50.53

---

① 兰州拉面资料来源于调研员在宁波等地门店对创业者的调研。部分数据来自公开资料，详见史凯：韩录，第一个走出山门的拉面匠，《西海都市报》，2008年12月25日，C39版。张多钧："拉面经济"拉动18万青海人富起来，《青海日报》，2018年3月16日，第5版。

亿元。[①]

4.湖南新化复印业

湖南新化复印产业集群堪称农民工创业史上的一个奇迹，其起步非常早，也更加艰难。早在20世纪60年代，新化人易代兴、易代育兄弟因家庭出身不好，很早就辍学了。为了糊口，兄弟俩和一个姓张的出外跑江湖，他们有一门手艺：修钢笔。一次，易代兴在一家银行修钢笔时，发现打字员正使用的打字机有故障，爱钻研的他发现了问题的原因，就告诉打字员自己不仅会修钢笔，还会修打字机，很快他就修好了打字机。此后，兄弟二人边自学、边维修，掌握了修打字机的技能。他们还带了一些徒弟，但这一技能并没有大幅扩散，直到遇到新化县洋溪镇的邹联经。邹联经原来也是做维修的，主要修理钢笔、手电筒、缝纫机。他偶然遇到易代育的徒弟袁锡楚，向袁学习修理打字机的技术。这是新化复印业历史上的关键一步，因为此后新化复印业在邹联经手上发扬光大。

由于当时个人从事维修并不合法，邹联经等人私刻公章，伪造介绍信出外揽活。易代兴、邹联经多次被公安机关抓捕，其中易代兴还被判刑到1979年，邹联经几乎每年都要被关一次，但一放出来，他又重操旧业。到1978年国家大环境宽松了，1979年新化县委开始考虑邹联经这样"刺头"的出路问题，相关领导拍板成立新化县洋溪打字机维修厂，邹联经任厂长，从此邹联经、易代兴等有了合法性身份，新化县打字机维修业开始正规化。邹联经等以师傅带徒弟的方式带动更多的人进入这一行业，发展速度非常迅猛，到90年代，已经发展到5000多人。

此后由于打字机被淘汰，这一行业面临着发展危机。但很快新化人跟上了时代潮流，开始维修复印机。1986年，邹联经买了一台复印机经营复印业务，首开新化人经营复印业务的先河。1992年，邹联敏发现来自台湾的二手

---

① 兰州拉面资料来源于调研员在宁波等地门店对创业者的调研。部分数据来自公开资料，详见史凯：韩录，第一个走出山门的拉面匠，《西海都市报》，2008年12月25日，C39版。张多钧："拉面经济"拉动18万青海人富起来，《青海日报》，2018年3月16日，第5版。

复印机货源，这些二手复印机是台湾地区的客商从日本、美国进口以废旧五金的名义卖到内地。会修复印机的新化人发现了其中的价值，维修好后卖给复印店，从此之后新化人开的复印店开始迅猛扩张。从1999年开始，新化人开始直接从日本、美国进口二手复印机，维修后经过新化人打开的二手复印机市场销往全国。2003年以后，一些有了资本积累的新化人开始转而生产办公设备，标志着新化人从服务业进入办公器材制造业。

经过多年的发展，新化人的复印业务在全国遍地开花。据《湖南日报》报道，新化洋溪镇人占据了全国80%以上的打字复印业务，从业人员超过20万人。[①]

5.江西安义门窗建材加工生产

江西安义是一个总人口30万的小县城，但2018年全县有16万人在外从事铝型材销售、加工产业，占有全国70%的同类市场份额。每家小区下面的门窗加工师傅都可能是安义人。近年来，在安义县政府的鼓励和支持下，不少从业者回乡投资，从事建材生产，现有建材企业147家，年产建材160万吨，产值达到196亿元，成为该县的第一大产业。[②]

安义成为今天全国知名的门窗生产大县正是农民工辛苦创业的结果。20世纪90年代，一位在武汉做木工的安义农民工应一位客户的要求为其装窗纱，当时的窗纱都是钉在窗户上，既不方便、也不美观。他突发奇想，发挥了他的木工技能，制作了一个可以固定在窗户上，同时可以方便打开的木纱窗。没想到主人家大为满意，附近的邻居也纷纷要求安装。他从此一发不可收拾，生意非常好，安义的同乡也仿效他制作类似的纱窗、纱门，生意一下打开了。此后，随着建材的发展，先后出现塑钢、铝合金、不锈钢材料的门窗，随着

① 新化复印业相关资料主要来自课题组对复旦大学、N大学复印店对经营者的调研。相关数据来自段云行、贺威：一手带出"文印大军"，《湖南日报》，2016年4月13日07版。冯军旗："新化现象"的形成，《北京社会科学》，2010年第2期，第47-53页。

② 江西安义门窗的资料部分来自课题组对宁波等地相关门店创业者的调研访谈。相关数据来自公开资料，包括：江致衡：一扇门窗的蝶变——看"中国铝材之乡"安义如何实现产业转型，《江西日报》2019年2月25日。于建明：走南闯北安义人，《江西日报》2013年1月25日。

中国房地产市场的迅猛发展，安义人也把他们的门窗制作店开到了全国的大街小巷。

与其他地方区别较大的是，安义县的门窗业发展壮大后，当地政府积极推动这些创业者返乡创业，并利用政府的影响力推动行业的转型升级。2009年以来，安义县推出"资金回流、人才回归、创业回乡"的"三回工程"，邀请他们回乡创业，在企业融资、品牌创建等方面给予政策扶持。安义县采取"请进来"和"走出去"的办法，政府出资连续三年组织企业赴广州参加专业博览会，并带领企业开拓非洲、欧洲市场。安义县还连续举办六届"中国（安义）铝型材及门窗博览会"，进一步唱响了"中国门窗、安义制造"品牌，政府在帮助推进产业聚集和产品转型升级方面发挥了非常积极的作用，现在安义县民用型材产能位居全国第二、华东第一。

6.江苏溧阳电梯维修

江苏溧阳是中国著名的"电梯安装之乡"。据统计，溧阳已拥有电梯企业70多家，从业人员超过5万人，每年安装电梯超过35万台，占全国电梯安装总量60%多。在150米以上的高楼电梯安装中更是占全国90%以上的市场份额。从当年的上海"东方明珠"到"中国最高楼"——636米的武汉绿地中心都是溧阳人的作品。很难想象这些电梯安装企业都是来自溧阳的乡村。

溧阳和电梯的渊源非常深。由于溧阳地少人多，离上海又比较近，早在20世纪20年代溧阳就有人在上海从事建筑业，其中吊装更是驰名上海滩。出生于1937年的农民沈梅根，十几岁时父母相继去世，1954年他到上海打工，从事吊装行业。1978年，他组织家乡的十几位农民以蒋店公社合心大队工程队的名义到上海接工程。一次偶然的机会，一位电梯厂的朋友问他敢不敢安装电梯，没有任何经验的沈梅根意识到这是一次机会，就大胆接了活。为了保证质量，他邀请了两位上海电梯厂的退休师傅指导技术，终于在湛江的海军422医院安装了溧阳人电梯安装史上的第一台电梯。此后电梯安装技术通过师傅带徒弟的方式、通过亲戚、朋友传播开来，他所在的蒋店乡众多青壮劳力加入了电梯安装大军。由于他们的勤劳和开拓，很快在全国打出了名气。

从20世纪80年代中期起，从原来简单的安装队开始向正规的安装公司转型，进行正规的管理。[①]

由于电梯是特殊行业，国家对电梯安装的标准越来越严格。除了企业的自我约束之外，当时的溧阳县政府对这一当地的支柱产业非常重视，在管理上也不断在跟进。他们为企业提供培训服务，帮助企业提高管理和技术水平，加强对电梯安装人员的考核。为了方便他们参加考试，当地相关部门甚至"送考上门"，到溧阳电梯工人集中的地方设立考场。当地通过发展职业教育为企业提供后备人才，溧阳市天目湖中等专业学校的电梯安装专业多次获得全国职业大赛金奖，被誉为"电梯行业中的黄埔军校"。2014年，溧阳市建设溧阳电梯产业园，力争打造从"溧阳装"到"溧阳造"产业链。

7.莆田系民营医院

与以上农民工创业集群不同，莆田系民营医院名声非常不好。由于"魏则西"事件，不仅使得百度名声受损，也使得莆田系民营医院成为众矢之的。很多人也第一次知道莆田系居然有如此的规模和影响力。据统计，截至2013年底，我国有民营医院1.13万家，莆田人经营的约占80%，莆田相关从业人员超过6万人，莆田系总投资3400亿元，年经营额2500亿元，采购总额超过1000亿元，经营范围包括妇产、心胸、肿瘤、神经、眼科等专业。

一般人都认为经营医疗产业门槛很高，很少有人相信这些民营医院后台老板居然是一群农民工。

莆田系的"鼻祖"叫陈德良，出生于1950年，1976年前后他遇到来自广东的耍猴卖狗皮膏药的师傅，陈德良拜其为师，开始跑江湖。这期间，他参加了莆田爱国卫生协会举办的函授班，拿到了结业证书，具备了在本地的行医资格。当时全国各地疥疮高发，他根据学到的知识和他祖上的药方研究出了一个偏方，其中包括硫黄和微量的水银，治疗效果非常好。在当时，陈德

---

① 溧阳电梯资料主要来源于公开资料，如王瑞丽：寸草豪情，溧阳安装工纪实，《中国电梯》，2005年10月第20期。魏立、李金堂：电梯安装领域，溧阳在全国占80%以上市场份额，《常州日报》，2014年10月8日A3版。

良的偏方成本价是一两毛钱，配好后按照每瓶一两块卖，有着十倍的利润率。当年他靠着这个偏方，一年能赚一两万元，他成为东庄镇从医致富的第一人。他发财后，亲戚朋友纷纷找到他，央求拜他为师。他先后收了8个徒弟，陈德良带着这8人出外游医，一般选择车站对面的旅馆租下两个房间，一间看病、一间开药。他安排徒弟们在电线杆、厕所贴小广告，他则负责治病。当遇到不会看的皮肤病时，安排徒弟到当地新华书店购买相关书籍学习，然后去医院抓药再转卖给病人。徒弟们出师后，又带了更多的徒子徒孙，莆田游医遍布全国。①

在陈德良的徒弟中，詹、林、陈、黄最有实力，其中詹氏詹国团于1985年首创了承包公立医院科室的业务模式，专攻皮肤科、妇科，开始从"游医"转变为"坐医"，并被同行仿效，是"莆田系"的一次重大转型。到20世纪90年代，莆田系全面复制承包公立医院科室或整个医院的模式，互相之间以宗亲血缘师徒为纽带，相互投资交叉持股，规模不断发展壮大。

1998年，著名职业打假人王海调查叫作"淋必治"的假药，发现几家民营医院全部来自莆田，莆田系开始进入公众视野。卫生部发文整治，"帮主"詹国团避走海外。2003年回国，转型做高端正规医院，2009年浙江嘉兴新安国际医院营业，该医院是商务部、卫生部批准设立的首家民营综合性国际医院，等级为三级甲等。但是转型做高端正规化的仍然是少数，多数还是延续了过去"野蛮"生长的老路子，直到2016年"魏则西"事件发生，再次给莆田系带来巨大冲击。

其实，莆田市政府不是没有意识到问题的存在。2010年以后，莆田市政府开始介入相关事务，2014年6月，莆田成立了莆田（中国）健康产业总会，力图对行业进行规范。总会成立时，副省长李红、省政协副主席薛卫民等领导出席。总会提出"致力于净化医疗大环境，推动行业升级转型""积极引导民营医疗机构向专、精、尖等方面发展""引导民营医疗机构遵守行业规则"，

---

① 莆田系创业经历主要来自公开资料，包括严凯：解密莆田医帮，《中国企业家》，2015年第11期60-70页。

但这个过程无疑将比较漫长。

（二）农民工返乡集群创业

1.沙集东风村家具业

沙集模式的产生具有一定的偶然性，但这种偶然性也蕴含必然的逻辑。2007年，江苏睢宁县沙集镇东风村村民孙寒、陈雷等在上海游玩，逛到宜家家居店，被那些简易、时尚的拼装家具所吸引，返乡找当地木匠生产类似家具在淘宝上销售。没想到一炮打响，第一个月收入就达到10多万元。同村村民知道后纷纷模仿。到2010年，沙集镇就拥有600多名农民网商，开办了2000家网店。网销拉动起一个新兴的产业群，包括家具厂200余家、物流快递企业16家，板材加工厂6家，家具配件门市2家，网店专业服务商1家。当年，全镇网销额超过3亿元。随后该模式被复制到周边乡镇，带动整个睢宁县电子商务的发展。截至2016年底，睢宁县网店总数达到36900家、配套物流企业60家，直接带动就业20万人，电子商务交易额136亿元（陈恒礼，2015）。

沙集模式的生态体系的形成非常独特。在沙集镇本来没有家具产业，也不出产木材，东风村也只是一个因收购废旧塑料而闻名的村子，就因为孙寒、陈雷（生产者）个人的能动性，利用刚兴起的互联网电商平台，从而带动制造业（家具工厂）、服务业（物流）等产业的发展，是一种典型的信息化带动工业化、城镇化的样本。

这种"无中生有"的模式，带头人（生产者）是关键，他必须具有一定的眼光和技能。在这个案例中，孙寒作为返乡青年，曾经在移动公司做过客服，熟悉互联网，有一定的市场意识，这都是他成为带头人的关键。他创业成功后尽管也想控制其他人学技术，甚至威胁要打人，但农村是一个"熟人社会"，现代市场规则敌不过人情，孙寒、陈雷乃至为他们生产家具的王木匠不得不向好友、家人传授技能，从而产生了更多的生产者，产生了大量的家具厂、木材加工场，这都壮大了生产者的队伍。在这个案例中电商平台成了公共物品或者说是基础设施，属于生态系统中最基础条件，没有平台，生产者很难创业，更不可能以极低的成本实现快速扩张。生态系统规模扩大之后，物流及相关服务以及政府监管（分解者）的跟进也就水到渠成了。沙集模式的意义在于，这种生态系统构建的门槛极低，一旦启动就会呈现"细胞裂变式复制扩张"，"带动制造及其他配套产业发展，各种市场元素不断跟进，生成以公司为主体、多物种并存共生的新商业生态"，从而带动农村的三化融合，其社会效应非常明显。当然，由于启动的低门槛，也带来恶性竞争、侵权等问题，这有赖于政府引导措施及监管手段的跟进。

2.河南南阳"锦鲤村"

河南南阳有一个远近闻名的向寨村。全村2300多人中养鱼的有2000多人，鱼塘有2180多亩，可这些鱼不是用来吃的，而是用来看的，原来他们养的是锦鲤。向寨村养锦鲤可不是小打小闹，而是成为一个主导产业，村民因养锦鲤而脱贫致富。一般村民每亩水面可以净赚1万元～2万元，养殖大户净赚200多万元，单条锦鲤最高售价达到过100万元，全村2018年产值高达8亿元。

向寨村开始养锦鲤与一个返乡农民工有关。1982年，村民李广志在县城打工期间偶然看到有人在卖锦鲤，觉得这是一个好出路，于是买了几条回家饲养，成为向寨村养锦鲤的第一人，没想到养殖成功了，赚到了钱。其他村民纷纷仿效，很快规模就上来了。由于大家卖的都是普通品种，互相压价竞争，经济效益有限。

后来，村民李长彦决心突破这种困境，试图养殖高端锦鲤。2006年，他引进了一个高端品种，由于技术问题，没有成活，可是他并没有气馁，通过一段时间的刻苦钻研和细心饲养，终于取得成功。李长彦高端锦鲤养殖成功是向寨村锦鲤养殖的第二阶段。

尽管当时向寨村锦鲤养殖在当地比较知名，但因市场有限，规模很难突破。2012年，向寨村大学生高坤毕业后没有留在城里工作，而是选择回乡创业。他看好锦鲤产业，想利用自己熟悉互联网的优势将锦鲤通过网络销售到全国。想法是好的，但运输成了问题，物流、快递公司拒绝承运，因为担心破损及锦鲤死亡纠纷。他们针对这个问题经过反复改进包装，设计出了适合锦鲤长途运输的包装。这种特质包装袋可装水充氧，耐冲击，甚至可以承受站一个人的重量。外包装箱里夏天放冰袋，冬天放"暖宝宝"，保证锦鲤安全送到顾客手中，终于打开了网络市场，快速扩大了锦鲤的销量。这是向寨村锦鲤养殖的第三阶段。

今天的向寨村在经营模式上也实现了创新，建立了"党支部+公司+贫困户"的模式，以入股分红等形式带动困难村民一起致富。[①]

3.山东曹县演出服

曹县地处河南、山东、安徽交界处，地理位置偏僻，经济落后，长期都是贫困县。曹县大集镇丁楼村，因为人多地少，迫于无奈，在历史上就有做生意的传统。改革开放后，这个村里有人跑街串巷兜售影楼用的具有道具性质的独特服装，利润不高，也非常辛苦。2009年前后，丁楼村有一位军嫂在火车上与邻座的女乘客聊得非常投机，该女乘客告诉她自己在淘宝网上开店赚了一些钱，并鼓励这位军嫂尝试一下。军嫂非常感兴趣，且她几乎在家无事可做，于是回家后开了一个网店卖一些服装类的小东西。

丁楼村村民任庆生当年在外面打工，他的妻子和军嫂是好朋友，由此知道了在网上开店赚钱的方法。任庆生在妻子的鼓动下，花了1400元钱组装了一台性能不高的电脑，抱着试试看的想法在2009年11月开了一家网店，经营的产品就是丁楼村的演出服。2010年4月份才接了第一个订单，不过此后却很顺利，当年赚了7000元。任庆生夫妇开网店赚钱的消息很快传遍丁楼村，丁楼村本来就是当地少见的同姓集居村，互相之间都是同宗同族，有了赚钱的门路谁都瞒不住。其他村民的网店也如雨后春笋一般涌现出来。并很快带动了周边的快递业、服装制造业、面料辅料业的增长。很快打响了"中国演出服第一村"的品牌。

2013年，时任大集镇党委书记苏永忠到丁楼村调研，他发现丁楼村与周边村庄大为不同，在这里很少有人外出打工，年轻人忙着敲电脑做客服，中

---

① 向寨村资料主要来自公开资料，孟向东等：向寨村：锦鲤乘"专车""游"向全中国，《河南日报》2019年11月4日05版。

年人忙着在家里加工服装，就连一些老年人在带孩子的间歇还忙着给衣服缝扣子、装拉链、熨烫、装袋。他大为震惊，敏锐地意识到这是一个机遇，镇里应该因势利导，有所作为。镇里很快成立了电子商务发展办公室，并针对丁楼村发展电商中存在的厂房不足、物流配套不全、交通滞后等基础设施配套不足的问题加以大刀阔斧的建设，镇里争取各方的支持，整修道路、改造电网，还建设了一个颇具规模的电商产业园，并在全镇进行推广。很快，丁楼村的电商产业就扩张到周边的村庄，大集镇也发展成为知名的"淘宝镇"。

曹县县委县政府对于这一基层创新经验非常重视，出台了一系列的扶持政策，从资金、人才、基础设施等方面加大对曹县电商发展的投入。比如，在资金上每年列出300万元的发展专项资金，并协调银行和蚂蚁金服累计为电商企业发放贷款10亿元。不仅支持先行的演出服的发展，还扶持木制品和农副产业的网上销售。曹县电商发展突飞猛进，到2018年底，全县共有网店5万余家，带动20万人创业就业，其中5万余人为返乡创业人员。电商销售额突破158亿元、同比增长32%。2019年，曹县被评选为电子商务促进乡村振兴十佳县域城市。[①]

4.贵州正安吉他产业

贵州正安县是位于贵州、重庆交界处大娄山脉的国家级贫困县，很少有人会想到这个县生产的吉他居然占全国出口吉他的近一半，产品远销巴西、西班牙、日本、美国、德国等国家。该县有一个吉他产业园，园区内有吉他企业38家，相关配套企业18家。有"格拉苏蒂""贝加尔""百斯卡""TOTOFO"等34个自主品牌。

正安吉他产业之所以如此发达，也是一个农民工返乡创业的故事。不过与上文所述案例不同的是，上文所述一般是先返乡后创业，正安案例是先在外创业成功再返乡创业；上文所述一般都是自主自发返乡创业，正安则是被动招商返乡创业。

---

① 资料来源：来自课题组成员在山东曹县的调研。

出生于正安农村的郑传玖小时候从没有见过吉他。1993年，他的三哥郑传祥到广州打工，进了一家吉他厂。郑传玖听说哥哥在那里混得不错，无心继续读书，追随哥哥也进了吉他厂。两兄弟工作兢兢业业，很快就将吉他生产的每道工序都精通了，并走上了管理岗位。后来二人萌生了创业的想法，邀上亲戚及老乡，18人投资125万元，建起了一个吉他厂。2007年7月工厂开工，第一批产品质量不合格，兄弟俩一把火将其烧掉了。2008年遇上金融危机，美国客户倒闭，订单积压，公司生存艰难，不得不裁员一半以上。当年10月，参加上海的乐器展受到巴西大客户"塔吉玛"的青睐，首批订购2000台。此后，又有美国"芬达"订货，终于创业成功。

2012年，正安县委县政府领导班子换届，新领导班子力图发展新产业，大力招商引资。通过调研了解到正安县在外面有20多万务工人员，其中5万多人做吉他，郑氏兄弟自主创业事业做得很大。于是，县领导到广州找到哥俩，听说邀请回去办厂，二人起初是拒绝的，答应考虑考虑。县领导反复做工作，开出了一系列的优惠条件，包括包建厂房，先免费使用等等，还大打亲情牌，对郑家在正安的亲人悉心照顾。经过半年多时间的争取，兄弟二人出于感恩家乡的心理，终于答应先搬回一条生产线试试看。郑传玖先回，哥哥继续留在广州。2013年，相关设备搬回正安，带回了部分生产骨干，其他工人在当地招聘。第一批产品出来，质量不合格，又是一把火烧了。郑传玖没有泄气，亲自对新工人进行培训，产品合格率逐渐攀升。生产走上正轨后，家乡人力资本丰富及相关成本较低的优势发挥了出来。2015年，广州的另外一条生产线也搬回家乡，在广州只保留进出口业务。

郑氏兄弟返乡创业的成功吸引了同行，正安的吉他产业园入驻的企业越来越多。现在正安吉他产业解决就业近1.4万人，其中贫困人口1200多人，带动6000多人脱贫，吸引了大量在外面打工的农民工返乡。整个园区产值70亿元以上，吉他产业成为正安县的标志性产业。[①]

---

① 正安吉他产业资料主要来源于公开资料，如马涌：吉他出山记，《人民日报》2019年09月04日。

二、农民工个体创业典型案例

（一）农民工城市个体创业

1.从"打工妹"到女首富的周群飞

周群飞是中国历史上少见的从打工妹成长为"女首富"的典型案例。她创办的蓝思科技公司生产的手机玻璃在市场上有极高的占有率，几乎每两片手机玻璃就有一片是其出品。

周群飞1970年出生于湖南省湘乡市的一个偏僻乡村。她从小命运多舛，其父亲是一个极聪明但又不安分的农村工匠，他会八种手艺，一次制造炸药时，炸瞎双眼，一只手还掉了两根手指，其母亲在她五岁时因生活压力自杀。她一边上学一边照顾父亲，生活极其艰难，但她学习刻苦，特别是作文成绩非常优秀。

由于生活所迫，15岁辍学到广东韶关一工地打工，后又被介绍到深圳一家生产手表玻璃的企业打工，在这里开启了她一生的事业。周群飞继承了她父亲那种不安分的特质，她放不下她未完成的学业梦，当初外出时就准备赚了一万元就回去读书。她选择打工的公司就在深圳大学旁边，她利用业余时间在这里自学了会计、电脑，甚至消防安全等课程，还拿到了B类车型驾照、报关证。

在学会了公司几乎所有的工序之后，觉得留在那里没有什么前途的她向公司老板递交了辞职信，不料公司老板看到她漂亮的书法和表现出来的文采，觉得人才难得，极力挽留她，还提拔她担任管理人员，负责新成立的丝网印刷部。周群飞人聪明能吃苦，很快从一个新手成长为优秀的管理人员。公司决定将丝网印刷部独立出来成立一个新厂，可是工厂还没完工，老板因对市场前景信心不足决定下马。看到这种情况，周群飞鼓起勇气找到老板，说自己有信心把这个厂办起来，成了，工资随你定；万一失败，自己愿意给他打一辈子工。老板被她的勇气所鼓舞，同意让她试一试。周群飞成功了，工厂不仅很快投产，而且市场规模越来越大。为了控制这个厂，老板还安插了很多亲戚进入该厂。受排挤的周群飞对此非常不满，决定自立门户，辞职创业。

1993年，周群飞和家人、亲戚共8人用自己积蓄的2万港元在深圳宝安的一家民房创业，主营丝网印刷。刚开始由于知名度不高，生意比较艰难，货款也难以回收。1997年亚洲金融危机，不少客户用设备抵债，周群飞借机进入玻璃生产领域。2000年，国内手机生产厂商尝试用玻璃替代有机玻璃生产手机视窗面板，从而给原来只生产手表面板玻璃的行业带来新的增长点。2001年，周群飞接到一个手机厂的大订单。2003年，周群飞成立蓝思科技，当年摩托罗拉公司找到她生产V3手机玻璃，这次要求很高，她经历重重考验终于完成订单，名声大震。此后企业一路发展成为行业领军者，先后为苹果、三星、华为、小米等知名品牌供货。

在公司发展走上正轨后，周群飞不忘回馈家乡，2006年12月返乡在湖南浏阳设立蓝思科技（湖南）有限公司，此后又在长沙、醴陵、湘潭等城市成立了近十家子公司。其生产基地重心转移到湖南，安置几万人就业，连续八年保持湖南省进出口额第一。公司于2015年上市，蓝思科技董事长周群飞个人市值达到462亿元，从一名打工妹成长为当年的中国女首富。2018年，周群飞荣登改革开放40年百名杰出民营企业家榜单。[①]

2.从搬砖工人到百亿永辉超市老板的张轩松

张轩松是福建闽侯县人，19岁时高中辍学，先后扛过包、搬过砖。后来在亲戚的介绍下从事啤酒批发代理业务。他头脑灵活、吃苦耐劳，与过去等客上门的模式不同，他推出"送货上门、服务到家"经营方式，在啤酒市场上站稳了脚跟。1995年，张轩松注意到超市这种商品零售的新业态，判断这一业态前景光明，他在福州投资开了只有100平方米的古乐微利超市。由于他本着薄利多销的原则，商品零售价比市场价要低一些，超市生意越来越红火。"天天平价"的经营理念此后成为永辉超市经营的重要理念。

---

① 以上资料主要综合自蓝思科技官网，http://www.hnlens.com/news.asp，访问日期：2020年1月14日。及《湖南日报》：告诉您一个真实的周群飞，2015年3月19日。

随着资本的积累，1997年，张轩松开办了榕达自选商店。次年，在福州市火车站地区开办永辉超市，这是他第一家以"永辉"命名的超市。这一年他也经历了人生一个重大挫折，此前他在1996年投资的啤酒生产厂经营失败，亏损严重，他痛定思痛，决定退出啤酒生产，专注超市经营。

2000年前后，福州市的超市竞争非常激烈，沃尔玛、麦德龙、好又多、新华都等行业巨头对于永辉超市形成了碾压之势。为了生存，张轩松谋求突围，开始大胆探索新的经营模式。2001年，他率先推出福州首家"农改超"超市，开创了"生鲜食品超市"这种全新业态，建立起以经营海鲜、农副产品、餐桌食品为特色的超市和连锁店，号准了市场的脉搏，受到了以家庭主妇、上班族为主体的客户群的欢迎，从而成为永辉超市走向繁荣的关键一步。由于做生鲜需要本土人才，沃尔玛、麦德龙等洋品牌难免水土不服，难以和永辉展开竞争，使得永辉得以在市场空白区域快速扩张。

截至2020年1月18日，永辉超市在全国28个省（直辖市、自治区）的530个城市有926家门店，位居中国连锁百强企业6强、中国快速消费品连锁百强4强、中国五百强企业之一，企业总资产550多亿元。2018年，张轩松获得了"中国商业改革开放40周年功勋人物"称号。[①]

3.落马的中国前首富黄光裕

尽管黄光裕后来身陷囹圄，但谁都无法否认他曾经是中国商场上叱咤风云的人物。他先后在2004年、2005年、2008年名列胡润富豪榜榜首，在他2008年入狱之后，国美公司的光环虽然有所褪色，但依然具有重要的市场地位，黄光裕依然名列富豪榜之中。

黄光裕是一个典型的农民工创业者。他1969年出生于广东潮阳县（今潮阳区），父亲因地主身份在村里受到歧视，后来入赘到凤壶村曾氏。黄光裕母亲祖上曾是泰国著名华商，但曾家受当时社会运动的影响已彻底衰落，到黄光裕少时需要和哥哥捡垃圾补贴家用。

---

① 张轩松相关资料主要综合自"永辉超市"官网，http://www.yonghui.com.cn/，访问日期，2020年1月18日。

　　潮州人素有经商传统，黄光裕16岁时初中辍学，随兄长到内蒙古做小生意。一年后兄弟二人带着赚来的4000元钱来到北京，又筹措了3万元在北京前门附近盘下一个100平方米左右的小门面，先是经营服装，后来改为经营进口电器，店名叫国美。1987年，国美电器正式挂牌，当时家电行业是卖方市场，市场上的卖家多是高价销售，黄光裕反其道而行之，实行薄利多销的策略，经营业务迅速扩大。很快又新增了几家门面。1991年，他开始在《北京日报》打广告，打出了"买电器，到国美"的口号，其影响开始扩大。1992年，他又将几家门面招牌统一为"国美"，开始出现连锁经营的雏形。

　　1993年，兄弟分家，黄光裕分得国美商标及几十万现金。独立经营之后，黄光裕开拓市场的力度进一步加大。1999年，国美大举向全国扩展，在全国88个城市开店330家。到2004年底，国美电器遍布中国大陆、香港及东南亚主要城市。

　　2004年，黄光裕利用其拥有的北京鹏润投资有限公司收购其22个城市94家国美门店资产的65%股权，并通过借壳在香港上市。当年黄氏兄弟总资产逾百亿元，位列胡润富豪榜榜首。上市之后，黄光裕利用资本市场进行资本运作，大肆扩张收购，期间不断传出违规丑闻。2006年，他因违规贷款被查，后不了了之。

　　2008年，黄光裕被拘。2010年，因非法经营罪、内幕交易罪和单位行贿罪被判刑14年。他入狱之后，其公司行政总裁陈晓（被黄收购的永乐电器老板）接任执行董事兼董事局主席，图谋将黄光裕挤出国美电器。黄光裕妻子杜鹃在他的支持下奋起反击，最终维持了黄氏在国美的控制地位。在这次争夺公司控制权的事件中，社会舆论站在黄光裕一边，很多网友留言表示支持黄光裕。

　　黄光裕入狱之后通过其妻子保持对国美的控制，他也反省自己的过错。2010年8月，他公开发布《致歉信》，在信中，他特意向那些曾经以他为偶像的年轻创业者致歉，表示自己"非常惭愧"，并提醒他们"一定要吸取我的教训，只有遵纪守法，努力学习，完善自我，才能真正实现事业的成功"。他在信中还表示了自己要"以实际行动争取早日重返社会，更好地担负企业家的社会责任，为国家和社会再作出应有的贡献"，并相信"我有新的开始"。①

黄光裕从一个农民工创业者白手起家，成为中国首富，又中途落马，身陷囹圄，并图谋东山再起。其创业实践对于农民工创业来说具有很强的启示意义。

（二）农民工返乡个体创业典型案例

1.从上市公司高管到返乡创业的村干部徐刚

1996年，一场意外夺走了徐刚父母的生命，剩下了19岁的他和12岁的弟弟，还有76岁的奶奶和82岁的爷爷。当时徐刚正好高考完，本来报了成都一所大学的工商管理专业，家里没了经济来源，大学也上不了了。处理完父母的后事，徐刚家也陷入困境，丙灵村的村民开始给他家送米送菜帮助他家。这样的帮助一直持续了半年，直到徐刚决定到广州去闯闯。到了广州，进了包装印刷厂，从打杂、卸货，到之后机缘巧合，成为厂里技工，之后的路可以说是顺风顺水。并不满足的徐刚开始学管理，一步步成熟，最终被猎头公司看中，2004年成为厦门合兴包装股份有限公司总经理，该公司于2008年成功上市。

徐刚一步步走向成功，但他的心里却始终惦记着家乡丙灵村。"回去过几次，感觉变化不大，有的家里很贫困。"他说，其他的不说，那条回村的烂路，每次都要把自己越野车的底盘刮花。徐刚当初得到过乡亲们的帮助，回来最主要是想报答他们。徐刚决定辞去现有的职位，回家带领村民创业。他当时的想法很简单，赚了钱，把钱分给乡亲们，报答他们当年的恩情。

然而，徐刚这个决定在农民眼里，觉得有些不能理解。他们都说一个成功的人就不应该回来，在外面有好日子过为啥还回来受苦？包括徐刚的家人当时也不支持。有些人就抱着怀疑的态度，认为他是回来套项目，因为他是生意人嘛，以为他拿到项目就要跑路，所以一些村民的土地就不愿意流转给

---

① 以上关于黄光裕的相关资料综合自国美控股集团官网：https://www.gomeholdings.com/culture.html.

徐刚。徐刚只想用实际行动去证明，也不想过多解释什么，他一心要带动村里人脱贫致富。

通过考察当地的气候、土壤条件，他选择了合适的农作物。2015年4月，徐刚回到家乡，成立了简阳市呈祥瑞泰农业科技有限公司。他克服困难，一次流转承包了500亩土地，期间遭到了当地村民的怀疑。

徐刚做了很多工作，将流转的农田改造成鱼塘，第一次改建时就花了320万元。还聘了当地的村民，当他们看到徐刚投入那么大，那种以为来套项目的想法就少了。2015年，徐刚把养殖的鲈鱼和鳜鱼卖出去，鲈鱼28元一斤，鳜鱼50元一斤，参加合作社的农民对徐刚有了信心。通过这种方式，解决了150多个贫困户的就业问题。在徐刚这里做事的农民，最低收入是1500元一个月，有几个阿姨在领到工资的时候，流下了热泪。

2016年政府进入脱贫攻坚，徐刚家乡的村民自愿把他们的产业扶贫资金，一个人800元，整个村20多万元，入股到徐刚这里，成立合作社，村民在这里既是打工者，又是股东。年底入股的村民都有分红，至少300元，除了分红还有工资。据悉，合作社按照"公司出资+合作社经营+农户种植"的模式，由公司出资80%，贫困户以财政扶贫资金800元/人，采购种苗入股，占比20%。按投资比例分红，保障贫困户300元/人的最低收入。

截止到2018年，园区引进业主20余家，流转土地5000余亩，合作社安置贫困户就业53人，吸纳返乡创业青年12人，开展种植培训17场次，养殖培训9场次。如今，丙灵村顺利通过三级脱贫验收，实现贫困村退出、贫困户全部脱贫。全村基础设施大大改善、产业发展成效显著，人均年收入2015年4710元，2016年增长为6600元，2017年一跃达到14100元。丙灵村的脱贫致富之路成功入选2018年"天府源"成都市首届乡村振兴"十大案例"决赛。[①]

2.返乡办服装厂的柘城女工

柘城县是河南省商丘市的一个小县，有"中国钻石之都"之称。2017年，

---

① 徐刚返乡创业资料由课题组访谈员董诗艺同学采集。

柘城县被省推进农民工返乡创业工作领导小组评审认定为"河南省农民工返乡创业示范县"。柘城岗王镇门楼王村女老板王永水，创业经历具有一定的典型意义。尽管她现在的厂子不大，只有四五十人，但因其是承接她原来打工工厂的生产业务，是中央政策重点提倡的承接东部地区产业转移的典型案例，因而具有较强的典型意义。

王永水在浙江杭州的一家服装厂打工八年，后来因母亲得了癌症，三岁孩子在老家也需要人照管，迫于无奈返回家乡。回家后发现，跟她一样在家带孩子看老人的女人有很多，就想为什么不在家里开个小厂子，也给家里的女人一个就业机会，这样既可以带小孩又可以赚点零花钱贴补家用。

于是她联系了原来工作的工厂老板，老板对她很信任，也很支持，刚开始就尝试性地给了她一个小订单，让她先做做看，看能不能保质准时地完成。那次她准时交货了，还做得不错。该服装厂只负责加工，不负责销售，不用担心会卖不出去。随着订单量的扩大，王永水加大投资，雇佣更多工人，买更多的机器设备，扩大生产场地。工厂从一开始的五六个人，慢慢地到十来个人，再之后发展到二十多个人，一点点地扩大规模，生产能力不断扩大。

创业伊始，王永水遇到了很多困难。创业第一年活不多，还出了很多事。年初，她丈夫去送货被人家撞断了腿。3月，由于她忙工作，疏于照顾儿子，儿子落水差点淹死。六七月份，她和丈夫正拉布、裁布，一不小心，她的手指头被裁断了。她心理压力也很大，体重从一百一十多斤瘦到九十斤。最开始资金周转困难，她到处找人借钱。她顶着压力，没有退缩。后来有一个老板非常欣赏她的努力，给她投资，企业也得到壮大。

王永水返乡创业虽然遇到很多困难，但由于她讲诚信，生意上的伙伴也愿意帮她，特别是她原来打工的杭州企业老板对她特别支持，她说："如果说我没钱了，他会随时给打钱。如果没有这位老板，我还真干不成，他对我们十分信任。"

王永水工作很努力，但她野心并不大，也没想发大财。她说，让大家赚点钱，自己挣点钱，就行了，关键是要照顾好家庭。家庭在她心里占据很重要的位置，孩子的成长对她很重要。对于工人，也实行人性化管理，工人白天把孩子送到学校后过来上班，下班后正好带孩子，既能陪伴、教育孩子，还能挣钱补贴家用。

当然，王永水的服装厂只是处于大公司产销的一个中间环节，厂子没有独立的销售渠道，工人的工资水平低，女工辛劳一天最多只能拿到七十元左右，更多的女工只能得到四十到五十元，由此可见，工人的劳动力成本被压缩，工厂产业链不完整，产业水平低，产品附加值低。[①]

3.直播传奇李子柒

李子柒是超级网红，同时她也是一个返乡创业的农民工。

截至2019年12月，她的粉丝数量（包括微博、抖音、快手、今日头条、YouTube等）近3000万，其中海外粉丝740多万，她在YouTube上的粉丝高达749万，逼近世界知名新闻广播机构CNN（796万），超过BBC（561万）、FOX（386万）。[②]

图4-2　截至2019年12月12日李子柒YouTube个人账号信息

①　王永水资料由课题组调研员王晨雨采集。

②　李子柒相关资料信息综合自：张靖天：在YouTube上大火的李子柒，国内媒体和网友怎么看，《新京报》，2019年12月13日。用镜头记录乡愁. 中国日报. 2018年11月12日；《人民日报》海外版：李子柒为啥能在海外"圈粉"？2020年1月1日；第二届"中国青年好网民"优秀故事简介.《中国青年报》.2018年11月12日；李子柒担任"中国农村青年致富带头人推广大使".《新京报》.2019年12月27日；中国农村青年致富带头人喊话推广大使李子柒，创出陶瓷产业新天地.《中国日报》.2019年12月27日；巧妇九妹：大山里走出来的网红，《中国青年报》.2018年7月6日.

李子柒1990年出生于四川省绵阳市。她从小命运多舛，还没懂事时，父母离婚，母亲出走。6岁时父亲又去世，她跟随继母生活，继母待她不善，经常虐待她，有一次差点被继母按在河里淹死。其祖父母不忍心她受虐待，将她接回老家抚养。爷爷是乡村厨师，为乡亲红白喜事帮厨。她从小没有灶台高时，就给爷爷打下手，这也为她后来做美食节目奠定了基础。雪上加霜的是，上五年级时，爷爷又去世了，她和年迈的奶奶相依为命，奶奶成为她唯一的亲人。

14岁那年，为减轻奶奶的负担，初中还没毕业的她外出打工。作为未成年人，很难找到工作，她啃过两个月的馒头，睡过公园的椅子，作为柔弱的少女，险象环生。后来找到了一个餐馆端盘子的工作，每个月只有300元。后来她在夜场找到一份DJ工作，这种工作环境风险很大，但为了多赚点钱，养活她和年迈的奶奶，她还是接受了。

2012年，奶奶患上重病，她毫不犹豫地返回老家，照顾奶奶。返乡之后，她尝试开淘宝店，生意并不好。偶然的机会看到弟弟在网上看视频，她也尝试拍视频，目的是宣传自己的淘宝店。生意依然起色不大，但围观的不少。2016年被称作"中国网络直播元年"，直播成为新的"风口"，直播平台涌现，也出现了大量的草根自媒体，其中不乏普通农民工。与一般的农民工不同，李子柒选择了一种唯美的田园风格。前期自己全程制作，以她熟悉的美食文化为主线，围绕中国人的衣食住行展开，迅即吸引了国内外观众的注意力，也勾起了海内外游子的乡愁，受到普遍欢迎，也引起了文化公司的关注，成为签约自媒体人。此后开始团队运作，其影响力迅速扩大，成为超级网红博主，也被聘为成都非物质文化遗产推广大使。据称，2019年李子柒的收入高达1.6亿元。

虽然做到李子柒这个层次的返乡农民工是凤毛麟角，但因为直播做得好，成为网红或者带动农产品销售大增的返乡农民工却不少。诸如"长沙乡村敢死队""巧妇九妹"都是很有影响力的返乡农民工。其中"巧妇九妹"仅半年时间，就通过网络卖出超过150万公斤水果，一跃成为灵山县最大的电商。

三、基于典型案例的发现与启示

在上文，我们分析了农民工创业的典型案例。其中，按照创业的组织形式分类，有集群创业与个体创业，按创业的地域分类，有返乡创业和留城创业。总结这些典型案例，我们有如下发现。

（一）案例发现

1.农民工创业的创造力影响力远超预期令人震惊

过去一般人提到农民工创业，往往想到的就是摆个早点摊、开个小卖部，或者是回家种蘑菇、养鸡，目标是养活自己，发点小财，很难有大的发展，更别说社会影响力了。通过以上案例的考察，我们可以发现，这种惯性思维是一种偏见和无知。

在财富值上，农民工创业可以从一无所有做到中国的首富，周群飞曾是中国女首富，黄光裕多次蝉联中国富豪榜榜首。用生动的事实回应了中国阶层固化的忧虑。

在影响力上，李子柒宣传了中国的传统饮食文化，其YouTube粉丝数量直逼CNN。

在行业地位上，"三通一达"无疑是中国快递业的翘楚。

在推动落后地方发展的能力上，安义建材精英们的回归使得当地经济结构发生根本性的变化。

在脱贫带动力上，兰州拉面使得我国最落后地区的数以十万计的农民不仅摆脱贫困，还走上小康之路。

在创新能力上，我们发现，我们的农民工兄弟不仅创造了众多的淘宝村，还跟上了最新的直播的风口，孙寒、李子柒等农民工精英丝毫不逊色于城市的互联网精英。

以上种种，充分说明农民工创业取得成功甚至是巨大的成功已经是活生生的现实，而不是流于纸面讨论的问题。农民工创业的创新能力、创富能力、社会影响力都已经达到很高层次，刷新了我们对农民工创业规模小、发展潜力小、社会影响小、财富创造小的落后认知。

2.多数农民工创业行为是自发生长而非刻意扶持的结果

通过上述典型案例，我们发现，农民工创业者非常善于抓住机遇，他们具有敏锐的市场眼光、超强的吃苦耐劳精神、极强的学习能力。在上述的典型案例中，绝大多数的创业者在创业时都没有现成的资源可以依靠，甚至要在夹缝中求生存。比如申通创始人聂腾飞创业时，快递还没有合法的地位，被称为"黑快递"，经常被"扣件"、罚款，甚至进派出所，但他们没有放弃、退缩，而是迎难而上，不断冲撞不合理的制度框架，不断推动制约生产力发展的生产关系的变革，从而不仅促进了自己事业的发展，也促进了社会的进步。他们不等、不靠，为了改变自己的命运，勇于拼搏，敢于冒险，不断拓展生存空间，体现了一个创业者的勇气和担当。他们的成功不是靠政府帮扶，而是个体奋斗的结果。当然，政府的开放和包容也发挥着重要的作用。

3.在集群创业中创业精英的带动作用非常关键

在上述集群创业的事件中，每一个创业集群背后，都有一个关键的带头人，这个人无疑都是农民工中的精英，他们具有冒险精神，具有创业激情，具有一定的洞察力和把握机会的能力。"三通一达"的聂腾飞、新化复印业的邹联经、莆田民营医院业的陈德良、溧阳电梯维修业的沈梅根，等等，都是相关创业集群的带头人。他们开风气之先，敢于突破思维的局限，在创业之初都面临着较大的风险，如聂腾飞、邹联经、陈德良甚至都面对违法的风险。在创业初步成功之后，相关技能开始沿差序格局扩散，先是兄弟至亲，接着是普通亲戚、同乡、朋友、同学，影响的圈子越来越大，最后形成规模化的集群产业，规模形成之后，其产业链的完善和成本优势又反作用于每个个体与集群的依赖关系，进一步强化产业集群的影响力，并快速扩张成为有全国性影响力的产业集群。可以说，没有榜样的引领作用，谁都很难迈出这一步，这种带头人可以说是农民工集群创业的关键，是一种稀缺资源。

4.创业行为往往发生在社会变革的关键节点上

农民工创业行为的发生往往与社会大环境的变化密切相关，创业的时机受制于政策的变革、技术的革新。在上述案例中，有的发生于改革开放之初，比如湖南新化复印业、江苏溧阳的电梯维修业；有的发生于"南方谈话"前后，比如桐庐快递业的兴起、周群飞开始创业都与当时创业氛围良好有关；有的发生或质变于国企改革改制之后，如国美电器、莆田民营医疗在此后开始转型、扩张，通过收购、租赁等手段壮大企业；有的发生于互联网兴起之后，如曹县演出服、宿迁家具业都离不开互联网的加持。究其原因，是因为政策的变动在精神层面可以激励创业，在创业环境层面更加宽松友好，有利于创业的开展；而技术的变革，改变了经营方式，降低了经营的成本和风险，互联网平台的兴起正是通过"数字折叠"，便利了农民工开展创业。

5.多数创业行为发生在城市而非农村

多年来，在政策层面谈到农民工创业往往就等同于农民工返乡创业。在知网以"农民工创业"为主题词检索，共得到3175篇文章，其中，与"留城"创业有关的仅有10篇，就是这10篇一般都是讨论是返乡还是留城，其他3165篇全部与返乡创业有关。

但与政府、媒体及学者关注的方向相反，在实践上，多数农民工创业行为发生在城市。在以上创业成功的典型案例中，多数也是发生在城市。这是因为城市相对于农村，在创业所需的生产要素方面具有集聚性，同时城市也具有运行的高效性、功能的系统性、文化的异质性等方面的优势，因此，城市创业成功可能性概率相对较高，事业发展的规模相对更大。但现在，我们的政策取向有些违背农民工主体意愿，甚至违背市场规律，这应该引起我们相关方面的反思。即使是真心地鼓励返乡创业，也不一定要回到农村去，对于返乡的"乡"字的定义，可以扩展到老家所在的城市，比如蓝思科技周群飞回湖南老家的浏阳开发区办厂，神曲吉他郑传玖回到贵州正安老家工业园办厂，也都是选择在家乡的县城，而不是真的回到农村去。真的回到农村去，只适合一些农副产品的生产，其加工、销售、研发环节也比较适合放到城市去。

6.农民工在城市创业成功后往往会反哺家乡发展

在上述典型案例中，我们发现在这些农民工创业成功之后，往往会非常支持家乡的发展，反哺家乡成为一种常态。农民工生在农村，对家乡具有朴素的感情，为家乡发展做一些贡献也是一种心理需求。农民工反哺家乡的形式体现在几个方面，一是基于企业自身的发展需要，往往会吸纳大量的家乡劳动力的就业，在熟人社会里，这些劳动力的忠诚度更高。比如"三通一达"安置桐庐县就业人员高达5万人，占全县总人口的八分之一。①这些人中，很多人成为网店的负责人，自负盈亏，积极性很高，从而改变了他们自身的命运。这种形式有利于家乡老百姓脱贫致富，解决当地的就业问题，但是对于家乡的财政收入、GDP增长贡献是不大的；二是直接返乡投资办厂，这种形式原来是比较少的，但在近些年来由于用工成本的提升，再加上招工难的问题慢慢多起来，家乡政府对此也最上心，因为不仅可以促进当地的就业、繁荣当地市场，还可以显著增加政府的财政收入和GDP，因此各地纷纷推出"三回工程"（创业回乡、人才回归、资金回流）"三乡工程"（市民下乡、能人回乡、企业兴乡）等，也在一定程度上得到创业成功农民工的响应；当然还有第三种形式，直接向家乡捐款、捐物，建设学校及基础设施等。在城市创业成功的农民工创业者对家乡的反哺，为家乡的发展做出了贡献，同时也有力地推动了家乡的乡村振兴。这给我们的启示是：不一定要把工作重点放在吸引农民工返乡创业上，完全可以鼓励他们在城市创业成功后再反哺家乡，这样无论是对农民工个人，还是对家乡的民众和政府，可能会更有利。

7.农民工创业也有一些独特的局限性

综合以上案例，我们在发现农民工创业的一些独特优势的同时，也存在着一些独特的局限性。这些局限性表现在以下方面：一是农民工创业往往对市场规则缺乏足够的尊重。由于相关规则对于农民工创业者来说很难达到，

① 数据来源参见，陆培法：中国快递之乡的传奇，《人民日报》（海外版），2017年04月13日第05版。

农民工无奈会在一些场合突破规则的限制，这一方面可以理解，另外一方面看，如果习非成是，完全漠视规则，或者在条件具备的条件下，依然刻意忽略规则，甚至通过官商勾结，违规操作，牟取不正当利益，进而视法律为无物，那无疑会误入歧途。这方面黄光裕的例子、莆田系的教训都值得汲取；二是部分农民工创业带有一些狭隘的小农意识，开放性不足。比如一些农民工创业成功后，在公司治理上依然沿用家族治理的方式，不能及时建立现代企业制度，一方面妨碍了自身的进步，另一方面还可能使企业陷入危机，同属"桐庐系"的天天快递曾经发展势头良好，后因弟兄三人争斗不休，导致公司解体，其资产和品牌被申通收购，兄弟三人全部出局；三是一些农民工创业者格局有限，同时不注重自我能力提升，学习能力不足。一些企业壮大后故步自封，一些企业家听不进不同意见，不愿意自我革新，甚至贪图享受，最终使得企业发展受限，甚至身败名裂。我们并不认为这些表现是农民工创业者所独有的，其他类型创业者可能也会存在这些问题，但是其实也是农民落后性的一种体现，因为中国人本质上还是深受长期农业文明的熏陶，有些观念是根深蒂固的，并不会因几代人身份的转变就有了根本性的改变。

8.现有扶持政策在一定程度上落后于农民工创业的实践

综合以上典型案例我们注意到，农民工创业的实践取得的成效非常明显。然而我们关于农民工创业扶持政策的实践却是滞后的。具体表现为：一是对于农民工创业成效认识不足。没有充分注意到农民工创业实践的丰富多彩，过多地把注意力放到鼓励农民工返乡从事种植、养殖上，没有意识到农民工群体与其他创业群体一样存在多样可能性；二是把工作重点过多放在支持农民工返乡创业上，诚然，农民工返乡创业对于推动乡村振兴意义重大，但我们应该辩证地看待问题，一要考虑到农民工返乡的风险，二要换一个角度，也许农民工在城市创业成功后反哺家乡可能对乡村的发展贡献更大；三是没有充分把握农民工创业的真正需求是什么，什么最有利于农民工创业，工作重点没有放到优化投资环境，放开搞活上，而过分关注补贴、融资、培训等枝节问题上。

为什么会出现这样的问题？我们认为主要有几点原因：一是没有充分在思想上真正破除城乡二元的桎梏。农民只是一个职业，而不是身份。因此农民工创业，不一定要回农村，也不一定要从事农业相关产业，农民工创业是有无限可能的；二是没有充分尊重农民工意愿，我们鼓励农民工返乡创业，农民工是不是愿意呢？只有充分尊重农民工主体地位，为农民工着想的政策，才会得到农民工的欢迎。一厢情愿的政策，很难让农民工有共鸣，也很难取得成效；三是我们对农民工还存在惯性的汲取思想，还没有真正形成服务的思维。如果总想着农民工回去创业可以解决农村凋敝的问题、可以解决粮食安全问题、可以增加当地财政收入、可以刺激当地GDP增长，那么这样的鼓励政策难免会误入歧途。我们要更多地树立"多给予、少索取"的思维，考虑到农民工的发展、考虑到他们的难处、考虑到他们的风险，至于他们是否返乡、是否从事涉农产业，不应该过多关注。要更多地考虑供给侧的改革，我们可以为他们做什么，我们能做什么，我们如何解开束缚他们创业的制约因素？这样考虑多了，农民工创业者才会有更多共鸣，农民工创业才会更有成效。

（二）案例启示

综上，我们可以得到如下几点启示：

启示之一：创业者更需要"减法"而不是"加法"。

农民工创业的发生和成长需要的不一定是扶持政策，政策的宽容和松绑对他们更重要。在扶持政策上各地的思路多是做"加法"，其实农民工创业者可能需要的是做"减法"，比如需要取消一些固有法规文件对他们创业的限制，减少一些不必要的审批，放宽一些行业的准入门槛，破除一些地方企业对相关行业的垄断等。

启示之二：应切实尊重农民工创业者的主体地位。

城乡二元思维依然在一定程度上束缚着现有的农民工创业政策的推进。政策的改进要进一步突破制度的藩篱、思维的设限，将农民工当作普通公民、普通创业者看待。农民工个人是自由的公民，并不是天然的农民，农民不是他们永远身份的标签。他们在哪里创业，创什么业，都是他们的自由，不需要先验性的设定，往农民身份上靠，往农村靠，往返乡靠，这是当前政策制定者思维上首先需要突破的观念桎梏。

启示之三：单向度的扶持返乡创业的政策应该调整。

从现有实践上看，农民工留城创业相对于返乡创业风险更小，成功概率更高。而且留城创业成功之后，反哺家乡发展往往比返乡创业对家乡的贡献更大，更有利于乡村振兴。现有的单向度扶持农民工返乡创业的政策应该调整。

启示之四：互联网平台赋能农民工创业者作用显著。

市场的活力与科技的进步极大地促进了农民工创业的发生和发展。市场的开放性激发了农民工创业的热情，互联网平台放飞了农民工创业者的想象力。扶持政策应进一步着眼于激发市场的活力，积极推动互联网平台支持农民工等群体创业者，进一步降低创业成本。

启示之五：政府的政策应更多地关注已经启动的创业。

对农民工创业的鼓励重点应从启动创业向支持创业过程转变。基于创业的风险，政府不宜过分鼓励农民工创业。政府的政策应更多地关注已经启动的创业，如减费降税，优化营商环境，帮助创业者降低经营风险。

启示之六：应积极引导农民工创业者健康成长。

对于已经初步成功的农民工创业企业，为了帮助他们健康经营，政府可以通过党建引领、协会约束、纳入培训体系等有效形式，推动他们建立现代企业制度，提高经营能力，培育社会责任感。

第五章　农民工创业政策存在的主要
问题及原因探讨

根据调研结果，农民工创业政策在中央和地方各级政府的推动下，已经取得了初步成效，一些地区农民工创业成绩斐然，这证明了农民工创业大有可为。但是，调研中发现存在着下述制约农民工创业的问题。

一、农民工创业政策落实的主要困境

（一）相关政策落实力度有待提升

第一，农民工对相关政策的知晓度不高。据我们统计，农民工对于农民工返乡创业政策的了解程度并不乐观，其中"不是很了解"和"根本没听过"相加占比80.1%。农民工多数听说过国家很支持农民工创业，但是当地有些什么具体政策却并不清楚。

第二，政策从上到下逐层衰减。县级政府也有一些具体政策，乡镇的干部也还了解相关条文，可是到了村里，不是不知道，就是太忙没有落实。在各个村委会的实地调研中，90%的基层政府都没有返乡创业政策的文件，少数有相关政策的政府表示都是空头文件。四川简阳BL村支书反馈：

每个地方政府口号喊得很好，但是有多少是真的落到地的呢？就算有相关政策，也惠及不到每个地方，我们这些主要还是靠自己。现在已经有21个农民工回来了，地从开始只有300亩，到现在的两万多亩。我们做得好了，政府就来给我们画个圈，叫作H镇产业园，打个名号，就没啥了。至少我现在没有享受到任何政策，不知道是财政上的问题还是啥。[①]

政策落地往往卡在最后一步，如果这里不打通，即使最好的政策也到不了创业者手中。

第三，政策很好，就是很难兑现。比如补贴，看起来创业者的条件也符合，但是要想拿到却并不容易，既要耗时间，也难备齐相关材料，看得见，却够不着。这样的例子在我们的访谈素材中非常常见。问卷分析中"是否享受到国家创业政策带来的优惠"，没有享受到优惠的创业者比例高达71.29%。

无论是数据显示还是当地基层领导干部的真实反馈，返乡创业政策并没有充分落地，这是今后政策推行中亟待解决的问题。

（二）政策的供给与创业者的需求错位

首先，国家对农民工创业的支持重点在返乡创业，但从现实来看，农民工更多地选择城市创业。我们的统计表明，已经在创业的农民工之中，在外地城市创业占20.69%，在本地城市创业的占39.08%，而在本地农村创业的占37.93%，也就是说选择城市创业的占近60%，而选择本地农村创业的不足四成。而在城市创业的很难享受到国家的返乡创业优惠政策。现有的扶持农民工创业的政策并没有充分体现在农民工更愿意选择的留城方向上。是不是他们不需要呢？事实并非如此，他们面临着子女就学困难、夫妻两地分居、贷款困难等现实问题，农民工返乡的优惠政策，在城市创业的很难享受到。在我们调研过程中，不少农民工呼吁"政策落实好，要考虑到在外地创业的人们""希望政府解决在外创业者子女外地读书的问题""多关注在外地的创业"。这种方向偏差不利于农民工创业，亟待矫正方向。

其次，政府的政策供给与农民工的需求吻合度不高。比如政府免费提供的培训往往不是农民工所需要的，而农民工所需要的培训项目，政府却提供不了，农民工只能转向商业渠道花钱买培训。

---

① 访谈编号：SICHUAN201902BL2，详见附件。

再次，政策规定太具体缺乏变通性。比如在四川简阳，某村支书反映："同样是种植农产品，且同样能致富、搞出了特色，为什么只能让种水蜜桃的拿补贴呢？"由于政策规定得太死，限制了农民工的创业发展方向，而这些规定也不太切合实际。[①]

（三）各项政策的协同性连续性不足

协同性不足主要体现在不同部门站在不同立场上对扶持农民工创业的态度不同。比如在土地问题上耕地保护政策和创业用地占用之间的矛盾日益突出。浙江省衢州市平园村工厂在生产经营过程中需要占用更多的土地，而工厂扩建难以通过审批，最终成为违章建筑。并且，被拆企业的后续安顿缺失，使其被迫面临长期停业甚至破产的风险。浙江省磐安县CT村的创业农民工也遇到这样的难题：

当时的审批呀什么都很快很有效的。也就是那时候我这做生意资金慢慢地积累起来，生意不断地扩大的。现在没做生意了，实实在在的是因为这个厂房的原因。想想政府这样大规模地拆临时建筑，真的使很多工厂的生产都受到了影响。[②]

一些村干部也向我们表示，由于相关部门政策的反复，导致他们工作非常难做，一些好不容易吸引回来的创业项目又不得不赶出去。上海市浦东新区唐镇吕三村J委员告诉我们："我们曾经有个'招商引资'形式，就是本村村民外出创业的我们会叫回来，鼓励创业，像是一块地三年不收租金之类。2016年开始，环境综合整治'非农化'文件下来，就只能又让他们把公司搬走了。"[③]政策的反复极大地挫伤了农民工的创业热情，同时也损害了政府的公信力。

在环保问题上，四川绵阳北川羌族自治县马槽乡明头村村民表示要办酒

---

① 访谈编号：SICHUAN201902BL1，详见附件。
② 访谈编号：ZHEJIANG201902CT，详见附件。
③ 访谈编号：SHANGHAI202004LS，详见附件。

厂，当地要收40万元押金，如环保不达标，环保部门可能就把这个钱拿来替创业者搞环保。

连续性不足体现在政策经常反复，可能前一段时间鼓励一二三产业融合，支持农民工创业者搞农家乐，现在要整治大棚房，又要拆掉原来建设的设施。政府原来提倡的往往成为后来问题产生的根源。

（四）在一些核心政策上难以有实质性的突破

据我们的问卷调查，农民工在返乡创业的过程中，最希望得到的政策支持前三位分别是资金、场地和审批便利化。在资金上农民工创业主要还是依赖自有资金和民间借贷，而从银行贷款还非常困难。而土地问题，对于多数返乡创业者来说，是一个尤其头痛的问题，不管是种植还是养殖，普遍反映土地审批难。

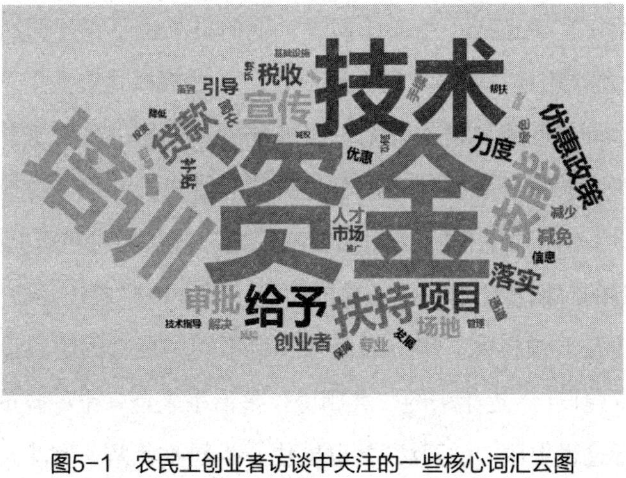

图5-1　农民工创业者访谈中关注的一些核心词汇云图

返乡创业政策难以落实的普遍矛盾还在于建设土地供给的限制。问卷结果显示："对于创业中希望得到的支持"，场地需求占比15.4%，仅次于资金需求，排在第二位。

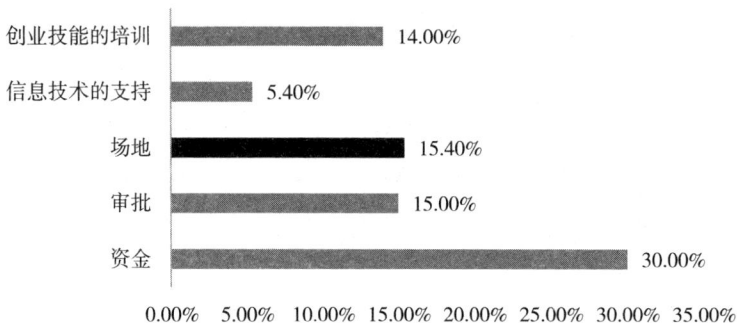

图5-2 受访者返乡创业支持意向调查表

实地调研中发现，浙江省有多个村的厂房正作为违章建筑被拆除，很多原本经营多年的工厂被迫停工，面临着破产的危机。浙江省金华市的一名工厂主告诉我们，近几年土地政策收紧，厂房成为违章建筑也是迫不得已。因为厂房用地很难通过政府审批，再加之有关建造的规定也不透明，现在政府为了完成拆除违章建筑的任务，强制拆掉厂棚，也没有对企业进行任何后续的安顿。这给工厂主造成了巨大的损失，他的员工也不得不面对下岗失业的痛苦。[①]除了建筑用地面临拆除的危机之外，一些规模化农业生产中必要的附属农业设施也同样受到严格的限制。四川省简阳市的一名受访者表示，2010年曾出台关于完善设施农用地管理有关问题的通知，明确支持设施农业发展的用地政策。[②]大棚种植有5%的附属设施用地，规模化种植有3%附属设施用地，但是大棚的总面积仍有一个总体的限制。因此一些农业必要的附属设备，比如看守房也需要被拆除，很多农民工不得不利用仅有的附属设施用地的指标来进行违章建设。[③]近年来的"大棚房"整治本来是一个好政策，但部分地方政府在执行过程中搞"一刀切"，也导致一些创业者无辜受害。

《乡村振兴战略规划（2018—2022年）》在"优化乡村发展布局"这一章中提出"统筹利用生产空间"的指导规划，但是目前的土地规划仍然存在着

---

① 访谈编号：ZHEJIANG20190208，详见附件。

② 关于完善设施农用地管理有关问题的通知.[EB/OL].http://f.mnr.gov.cn/201702/t20170206_1436846.html.

③ 访谈编号：SICHUAN20190203，详见附件。

较大的问题。建设场地的限制不仅对想要返乡的创业者造成了极大的困扰，也破坏了原有的农村企业的生产经营活动，甚至对规模化的农业生产、新兴产业的崛起和各个产业的融合也构成了威胁。

尽管在各种经济政策名义下的资金政策被大多数农民工知悉，但他们仍表示缺乏资金创业。问卷分析结果显示，在所有年龄段的受访者中，认为资金短缺是阻碍自己创业的最大原因的受访者占总人数的41.74%，相比其他选项的占比较为突出。

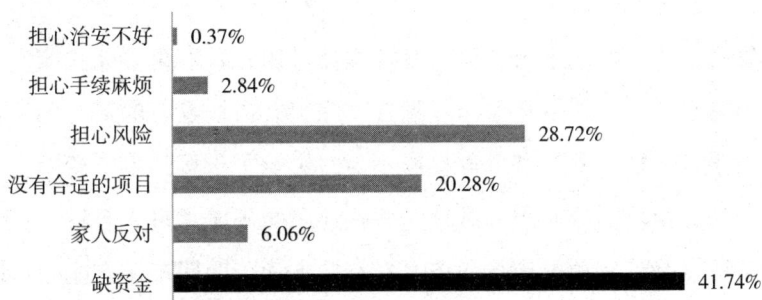

图5-3　受访者对创业中主要障碍的看法分析表

担心治安不好	0.37%
担心手续麻烦	2.84%
担心风险	28.72%
没有合适的项目	20.28%
家人反对	6.06%
缺资金	41.74%

另一个核心问题是目前资金政策的落实面临着诸多问题。根据实地采访，很多农民工表示申请贷款条件和审批程序的不明确，申请贷款条件的苛刻以及手续的烦琐，导致农民工实际得到贷款极其困难。因此大多数农民工最终只能借助民间借贷，这使得原本社会资源薄弱的农民工难以获得足够的创业启动资金。

其次，贷款的政策设计不到位，农民工缺少贷款的有效抵押物。政府提供的贷款项目大多是与银行合作的，但在实际操作中银行很难把贷款真正放贷到农民工。这是因为：第一，返乡农民工创业搞的大多是种植、养殖业，容易受自然灾害、疫情等不可控因素影响，投资风险很大。第二，金融机构在贷款评估、抵押等程序上设置的门槛较高。农民工缺乏抵押物，一些银行名义上的小额贷款，成了被农民工戏称为"好看却摘不到的桃子"。第三，申请小额贷款的流程复杂，加上申请小额贷款还需担保人，农民工很难找到符合条件的担保人，再加上大多数人也不愿给别人担保，因此，真正能申请到小额无息担保贷款的返乡农民工极少。

《乡村振兴战略规划（2018—2022年）》在"加大金融支农力度"中提出要"把更多金融资源配置到农村经济社会发展的重点领域和薄弱环节，更好满足乡村振兴多样化金融需求"。但在实地调研过程中，贷款的高门槛、复杂的手续、较长的审批时间，使得能真正享受到政策优惠的农民工非常有限。

（五）现有政策难以解决农村公共服务滞后市场发育不足问题

在农民工创业问题上市场应该发挥主体作用，政府更多地应该发挥引导作用，但是在一些中西部地区市场发育不完善，市场发育的不完善，往往与政府有关系。比如一些公共基础设施不足，影响了市场的投资意愿，一些地方交通不便，市场需求有限，致使一些快递公司不愿意进入乡村，从而使得创业者无法享受到相关的市场服务。在有些方面，明明市场有能力承担，政府方面又放手不够，政府干不好，市场也成熟不起来。

在实地采访中了解到，城市和乡村在基础设施和公共服务上仍然存在明显差距，且区域差异化特征显著。在二元户籍制度下，农村的居民仍然不能享受与城市居民同等的教育、医疗等基本社会福利，这极大限制了城市打工的农民工回乡的可能性。

调查发现，基础设施建设在偏远的山区仍然落后，且在后续运营维护上人力不足，难以满足农民工创业和良好生活条件的长期需求。在河南省门楼王村，停水、停电是常有的事情。在那儿连续天晴，就容易停水；但如果是阴雨连绵，就容易停电。停电的同时，很有可能会带来通信中断，每当这时，该村的整个开发区都不得不停业，一直到电力恢复为止，这对当地的经济活动造成很大的损失。[1]在重庆的一位青年返乡创业者也反映，他在村子里开办了红糖厂，由于山洪冲毁了电杆，导致长期缺电，还是自己掏钱修好的。[2]公

---

① 访谈编号：HENAN201902MLW01，详见附件。
② 访谈编号：CHONGQING201902MQ02，详见附件。

共服务方面，子女的教育问题、父母养老问题仍然在很大程度上影响农民工的创业意愿。浙江的一名被采访者表示，在外打工的年轻人、中年人，身上大都肩负着撑起一整个家庭的责任，留城打工更多是为了保障家庭的基本生活。如果农民工返回家乡后，政府不能解决其子女的教育问题和父母养老问题，即使农民工有返乡创业的意愿，也难以付诸行动。

还有不少创业者反映，由于农村公共服务的不足，他们很难招到年轻的人才，因为这些人对文化生活和社交比较重视，难以适应一到晚上冷冷清清的乡村生活，即使招到了，也留不住。有的把自己大学毕业的儿女叫回，但他们宁愿住到旁边的县城，每天来回奔波，也不愿意全身心扎根乡村。

二、困局溯源：农民工创业扶持政策的理念和实践之困

（一）理念之困：意识及制度惯性的羁绊

1.城乡二元观念的残余影响农民工创业公共产品的供给

农村基础设施和公共服务落后作为阻碍农民工返乡创业的重要因素，和传统城乡二元对立观念的残余有着很大的联系。在传统城乡二元对立的观念中，基层政府对农村的管理采取放任自流的方式，认为政府没有义务给农村的居民提供公共服务和创业上的指导。在传统的经济政策规划中，以"农村支持城市"的政策导致国家从农村汲取了大量资源来支持国家的工业化建设，而对基层各项事业的投入不足（王世官，2017）。这种城市中心论的工业化思维不仅割裂了农业和工业，也分隔了农民和市民，在当今已经严重不适应时代发展需求。随着社会主义市场经济的逐步确立，乡村优势资源也逐渐走入了市场领域，城乡关系中的市场联系日渐紧密，传统的二元对立思想已经不适应市场的需要。

但是根据实地调查，城乡二元对立的思想观念仍有残余，部分基层政府仍然保持城市中心论的工业化思维，这种城乡二元对立的背后反映的是城乡

居民权利的不平等。首先是居民财产权的差异。城市居民的房子可以进行抵押，但是农民工的宅基地属于集体所有不能抵押，这也是农民工在银行贷款时没有抵押物而难以贷款的主要原因。其次是社会保障上的不均等。如果城市居民创业失败，大多数城市居民享有基本社会保障的兜底，如失业救济金、医疗和养老的保险；但如果在农村创业失败了，农民工则没有相应的社会保障措施。农村和城市居民在财产、医疗、教育等公共服务上的不平等进一步加剧了两者之间经济发展的差距，阻碍了新时代背景下农村和城市经济的融合发展。

因此，本研究提出，不管农民工返乡创业从事哪个行业，无论是农业、制造业还是服务业，政府都有为他们提供平等的、一体化的公共服务的义务。不仅如此，鉴于农村长期以来处于经济发展的弱势地位，基层政府应该本着"城市支援农村、工业反哺农业"的理念给予返乡创业的农民工以特殊照顾和充分的社会保障。在这样的思想指导下，本研究认为当前返乡创业政策不仅应该提供均等的公共服务，更应该进一步加大对返乡创业的投入，对弱势的农民工群体提供更大程度的关照；这是响应时代经济发展的要求，也是构建城乡一体化布局的需要。

2.单向度思维下的政策供给与农民工需求耦合度不高

纵观返乡创业扶持政策的发展进程，返乡创业扶持政策都是站在国家整体利益的立场制定的。2008年，由于金融危机的影响，我国沿海地区大部分以出口为主、劳动密集型的中小企业出现经营困难，导致大批农民工失去工作而被迫返乡，因此早期的返乡创业可以说是金融危机冲击下的无奈之选。2014年，在经济发展减速、新旧动能转换的经济趋势下，创新创业成了突破发展瓶颈的新方向。在这个背景下，李克强总理提出"大众创业、万众创新"，以解决大量在城市从事简单技术工作的农民工可能面临的下岗问题。2018年，农村基础设施和公共服务与城市的差距同样越来越大，村庄空心化、农村"三留守"等问题更突出。返乡创业政策作为乡村振兴策略中的一部分，旨在创造新的就业机会，吸纳更多农村剩余劳动力，缩小区域和城乡差距

（刘志阳、李斌，2017）。

但是在城乡发展未能融合、市民和村民权利不平等的背景下，返乡创业政策未能很好地关照到农民工对良好的基础设施和健全的公共服务体系的现实需求，这使得政府的供给侧和农民工的需求侧产生了错位。这种错位一方面体现在因为农民工最切实的需求没有得到满足，市场主体的积极性没有被充分地调动起来。河南的门楼王村就因为基础设施极为落后，总是连续性地停水停电，这严重破坏了原有企业的生产经营活动，导致当地产业难以建立、经济发展滞后。错位的另一方面体现在政府提供的扶持政策并不是创业者所需要的，部分政府甚至出现了过度干涉市场的行为。比如王湾村曾在全村推广有补贴的养殖竹鼠创业项目，但事实上本地市场竹鼠的销售渠道狭窄，政府也没有进一步帮助养殖户学习竹鼠养殖的技术，最终养殖户的竹鼠死亡，创业项目宣告失败。[①]如果政府没有着眼于需求侧，仅仅以政府供给侧为导向推行现有政策，那么在相应的基础设施和公共服务缺位情况下，反而增加了农民工创业失败的风险，影响政府执行政策的公信力。

3.政策对"返乡"创业的执念与农民意愿背离

从国家发布的政策可以看出，从2008年以来，国家大力鼓励和扶持的一直是农民工"返乡"创业。国家当然有自己的战略和目标，但国家的目标与农民工的选择方向不尽一致。我们通过调研发现，农民工更多地选择城市创业，统计表明，已经在创业的农民工中，在外地城市创业的占20.69%，在本地城市创业的占39.08%，而在本地农村创业的占37.93%，也就是说选择城市创业的占近60%，而选择本地农村创业的不足四成。

农民工返乡创业的积极性不高并非他们不热爱家乡，而是有现实的困难。城市具有资源的集聚性，城市的公共服务相对到位，又贴近市场，创业的条件相对较好，成功的可能性较高。而在农村各方面的配套较差，除了在农产品的生产方面相对有优势之外，其他在技术、市场等相关方面明显不足，勉

---

① 访谈编号：HENAN20190210WW，详见附件。

强返乡创业，相对风险较大，因此更多的农民工创业者更愿意选择留城创业就不难理解了。这种方向偏差不利于农民工创业，亟待矫正方向。

为何出现这种方向偏差？关键还是在认识上有问题。总觉得农民工在本质上还是农民，农民工创业就应该返乡，所以一谈起农民工创业就等于农民工返乡创业。不仅体现在现有的各级政策文本之中，在知网搜索的农民工创业的2212篇文章之中（截至2020年3月28日），只有48篇研究的是农民工城市创业问题，其他都与返乡创业相关。可见，无论是在决策层还是学术界，普遍都有这种执念。这种执念在本质上还是上文论及的城乡二元思维的反映，表现在农民工创业政策上就习惯性地想到农民工创业就等于返乡创业，农民工创业的主要方向就等于从事涉农产业，农民工创业就应该纳入乡村振兴的范畴。然而，这种想法是不符合逻辑的，也并不切合农民工的意愿，甚至在很大程度上是背离的。

4.政策对过往农民工创业成功经验缺乏总结和重视

在本报告的第五部分，我们对农民工创业的典型案例进行了系统的梳理。从这些案例来看，我国农民工创业不是我们想象的小打小闹，而是已经成长为我国经济发展不可或缺的重要组成部分。不少农民工创立的企业成长为我国行业标杆企业（蓝思科技、三通一达、吉利集团、福耀玻璃），农民工创业者成长为中国知名企业家（周群飞、李书福、曹德旺），不少农民工创业集群在行业内有着很高的市场占有率并帮助了落后地区众多农民脱贫致富（兰州拉面、沙县小吃、三通一达、新化复印、安义建材、宿迁家具）。然而，现有的农民工创业政策似乎对这些农民工创业成功的经验重视不够，政策的重点总是围绕着农民工返乡创业打转转，这无疑是比较狭隘和游离于已有的经验之外的。这种轻忽和游离本质上还是对农民工这个群体的创造力和能动性认识不足。

（二）实践之困：政策推进迟滞原因探析

1.相关部门落实动力不足，政策现实操作性不强

调查发现，基层政府往往为了追求税收便把资源更加倾向于大企业和资本，而对小农缺乏关照。传统的返乡创业项目不仅税收少，而且投入成本较高，基层政府执行扶持政策的动力不足。问卷统计显示，75%返乡创业农民工选择从事养殖、种植业项目进行创业，然而传统的农业项目有税收减免等优惠政策，支持返乡创业并不能为当地政府带来丰厚的税收。浙江省的一名受访者表示，比起支持返乡创业项目，政府更愿意投入目前能为其带来大量税收的商业项目，这些商业项目已经成为政府稳定的税收来源，因此政府对推动返乡创业的热情并不大。

部分基层官员存在官僚主义的倾向，因为害怕承担风险而不愿意做事，这也是缺乏激励的表现。浙江的一名受访者表示，目前当官风险很高，在项目回报不明甚至收益较少的情况下，大多数官员的第一反应就是推脱。这是因为如果事情没有办好会受到上级的追责和群众的抗议，一旦出事则官位不保，所以官员宁愿维持现状也不愿承担做事的风险。当基层政府的收入可以通过大公司和大项目得到满足时，大多数便安于现状，没有动力推行返乡创业等政策进一步发展经济。

激励不足还表现在银行未能落实政府的优惠贷款方面。四川省的一名银行工作人员表示，返乡创业的优惠贷款政策大多停留在文件鼓励层面上，对项目的补贴资金未能真正落实到位。在缺乏政府实际资金补贴的情况下，一般农业领域的返乡创业项目收益较低，坏账风险较大。四川省某银行分行的行长表示，坏账率是考核银行业绩的重要指标，因此贷款给风险高的返乡创业项目对银行来说并不经济，贷款鼓励政策的可操作性不强。

2.政府本位不能有效回应农民工创业者的真正关切

在农民工返乡创业扶持政策实施这一过程中，政府作为政策的实施者，其出发点是为了振兴乡村经济、缩小城乡差距，提供更多的就业岗位，吸引

农民工返乡，解决空巢老人、留守儿童的问题，实现乡村繁荣。但政府的立足点很高，并没有充分考虑到农民工自身的真实意愿。农民工更关注自身的切身利益，比如创业风险有多大？资金从哪里来？万一失败了怎么办？如果政府在推行农民工返乡创业扶持政策的过程中，没有考虑到农民工创业的风险问题，盲目地推行现有政策，在创业条件不成熟的情况下，仍鼓励农民工去自主创业，导致其创业失败，必将导致政府公信力受损。也就是说，现行的农民工创业政策更多的是站在政府角度考虑问题，而农民工创业者并非一个整体，每个人都有自己的利益关切。两者的利益关切并不必然一致，不一定在一个频道上，因而，农民工响应度不足也在情理之中。

3.部门之间联动配合不足，相关政策"孤岛效应"明显

研究发现，由于部门之间联动协调不足，相关政策间存在着孤岛效应，这使得基层政府在执行不同的政策时难以全面贯彻。部门之间存在的孤岛化治理困境严重削弱了各治理主体的治理功效，难以发挥原本政策各自的最大作用（李志强，2013）。

近几年中央频频颁发农村相关的政策，从"精准扶贫"到"乡村振兴"再到"美丽乡村"，分散且频繁的政策使得基层政府往往应接不暇，只能看中央最新的动向行事。湖北省的一名村委表示，村委会近几年核心工作是扶贫和抓环保，大部分时间都在填表、写材料，返乡创业者有哪些优惠政策他们也不清楚，甚至连上级的很多部门也不清楚。

除了不同政策之间分散混乱，执行同一个政策的不同部门也存在着一定的冲突。其中矛盾最突出的是土地政策。创业缺乏场地的直接原因是保护耕地政策对建设用地的严格限制。过去三十年农村的非农产业迅猛发展，农田占用情况严重，加剧了我国人多地少、人均耕地资源少、耕地后备资源不足的问题。但是在没有和经济政策协调统筹规划情况下，"一刀切"的耕地保护政策脱离经济发展实际，压制了一二三产业的融合。重庆的一名受访者表示，当地想要发展第三产业餐饮业，但是饭店在本地没有办法申请到场地，当地

只能继续做农业。近年来中央提倡的一二三产业融合[①]，强调构建农业与二、三产业交叉融合的现代产业体系，但目前的土地政策仍然没有为农村经济结构的转型升级做好准备。

面临同样矛盾的还有环保政策。人居环境和农业治理是乡村环境保护的基础，而乡村环保的推进既符合基建补短板的需求又是乡村振兴、建设美丽中国的重要举措。但是目前农村产业水平仍然较低，环保设备的成本较高，达到环保标准对于资金不足的中小企业仍有较大难度。尽管环保成本上升是高质量发展的必然要求，但是在转型的企业在过渡期仍需要政府帮助中小企业更好地了解环保审查的要求和标准，在环境保护政策的规范性、科学性、执行的公平性上做得更到位，同时在"绿水青山"与"金山银山"之间把握好平衡。注意培育返乡农民工绿色创业责任伦理（李贵成，2020）。

尽管国家到省市县各个层级出台的各类扶持政策都有着很好的出发点，但如果各个政策之间不能协调、各个部门之间没有有效规划，那么所有的布局将成为孤岛，反而可能损害农民工的切身利益。

4.政策目标的多元化和运动式治理影响相关政策执行

基层政府工作千头万绪，不能说什么工作重要，什么工作不重要，不同部门的工作重心不一样，考核的方向也不同，本位主义很难完全克服，农民工创业重要，但保障土地安全、粮食安全、保护生态环境也不容忽视，两者的矛盾很难化解，精细化治理成本很高，一刀切有时更管用。而运动式治理是我国的一种治理惯性思路，很难解决，其治理是高效率的，尽管有很大的副作用，但有时工作推动不了，不得不回到老路上去。有些问题是历史痼疾，完全解决需要时间和时机。

5.一些深层次的体制机制问题制约关键问题的解决

现在农民工创业者反映的贷款难和用地难的问题归结起来其实是一个问

题。由于我国的农地和宅基地的集体产权性质，决定了其流转困难、转变土地用途困难以及难以成为有效的抵押品。尽管国家已经提出了"三权分置"的思路，一些试点地方也有了一些成熟的经验，但要大面积推开，实质性地接受，还面临着很大的制度障碍，可以预见在相当长的一段时间之内是很难解决的。

6.市场发育不足和行政强势影响市场作用发挥

市场发育不足与一个地方的经济发展水平高度相关，中西部地区的农村还相对落后，还难以吸引市场主体进入。再加上人们的思想观念还难以跟上市场经济的步伐，要转变观念还需要时间。政府强势既是一种思维的惯性，有时也是一种无奈，因为政府不跟进就无人跟进，问题无法解决。但正因为是这种情况，就更需要发挥政府的作用培育新型市场主体，不然政府总是放不开手，市场就一直成长不起来。

7.农民工自身创业能力不足

影响农民工创业的主要问题除了资金问题排第一外，"个人缺乏管理经验和专业技能"排第二位，对自己的管理水平和专业技能缺乏足够的信心，这也是影响农民工创业的重要原因。现在很多农民工长期在流水线劳作，缺乏系统性的技能学习和管理实操经验，工作闲暇时间和系统培训也太少，确实很难对今后的创业提供足够的知识、技能储备。

第六章 农民工创业政策的变革与创新

一、农民工创业政策的理念导向创新

如何进一步优化农民工创业政策，我们的总体思路是：着眼于需求侧推进供给侧政策创新，将各地好的经验总结提升，充分考虑农民工的现实关切，解决他们最关心的现实困难，发挥他们的创业主体作用，优化创业环境，改善农村公共服务，调整政策支持方向，促进农民工创业工作。

（一）推进农民工创业，事关农民的纵向流动和社会公平

当前的政策过多地关注如何促进乡村繁荣，培育经济社会发展动能等方面。我们认为，要定位在人的发展，农民阶层地位提升与社会流动的高度。当前人民群众普遍关注社会阶层固化问题，作为最大的社会群体，农民的纵向流动理应引起高度关注。除了通过教育实现阶层流动之外，创业也是农民实现地位提升的重要路径。无数普通农民通过创业，改善了自己的经济地位，或者是成为成功人士。扶持农民工创业，就是支持农民工通过创业实现社会纵向流动。

（二）突出农民工的主体性，反映农民工创业者的真实需求

历史经验一再证明，凡是政府站在集体的立场上来进行政策设计、没有考虑到农民需求的政策，到政策施行的后期往往容易产生偏移，而最终效果不尽如人意。无论是人民公社还是大集体制度都是如此。凡是顺应农民需求

的政策往往都成为推动中国发展的强劲动力，比如"大包干"、允许农民自由流动等等。因此，在农民工创业这个问题上，我们应该突出农民工的主体性，愿意回乡就回乡，愿意留城就留城；愿意回来创业的欢迎，给予政策扶持；愿意在城里创业，也要欢迎，也要给予政策扶持；不愿意创业，也行，要支持他们就地实现城镇化，给予同等的市民化待遇。总之，尽量站在农民工的角度考虑问题，维护他们的利益，回应他们的现实关切。

（三）尊重市场规律，政府化主导为引导

在农民工创业这个问题上，基层政府部门应明确自己的角色定位。可能有一些地方在农民工创业问题上心情比较急切，对此可以理解，但现在我国实行的市场经济，政府不能直接介入市场，像我们这次调研的海口卜秀村，政府直接发鸡苗，最后效果并不好，甚至引发矛盾。而陕西省榆林市驼燕沟村发螃蟹苗却受到农民的欢迎，则是因为他们尊重了市场，尊重了农民的个人意愿。当然，当市场出现问题，自身无力解决的时候，政府该出手时也要果断出手，比如山东莱西沟东村通过举办葡萄节帮助农民拓展市场，解决了个体农民无力解决的品牌推广问题，这种引导作用应该鼓励。

二、农民工创业政策的目标导向创新

一些地方政府推出一项政策，往往都有着明确的目的。这种目的，往往都是政府本位的，就是说要解决政府认为比较迫切的问题。但是，对于政策涉及的相关群体来说，往往政府关心的问题，并不是他们的问题，他们另有其诉求。

不同的目的，就会产生不同的结果。农民工尽管缺乏话语权，但心里都有一杆秤，谁真心为我好，农民工心里清楚得很。树立正确的目标，就是"正名"，名不正则事不行。政府的责任、政府的出发点必须正当，否则，将影响政府的公信力。如果农民工怀疑政府的出发点不是从他们的利益出发，

那么对于政府的相关政策的认可度就会打折扣，因而，政府和农民工不能同心，其政策执行效果就非常存疑了。

（一）摒弃不合时宜的政策目标

在农民工返乡创业政策方面，我们认为如果出于以下目的，都是不大合适的：

1.出于去库存、拉动内需的目的是推动农民工返乡创业

一些地方政府欢迎农民工返乡，其目的往往不是希望农民工能创业兴业，他们往往对农民工购买商铺、住房更感兴趣。特别是由于近年来一些地方经济下滑，房地产库存攀升，他们就把希望寄托在农民工身上，这种出发点是不好的。

2.出于应对失业的目的过于积极推动农民工创业

出于应对失业的目的推动农民工创业，表面上看目的具有正当性，事实上不尽然，因为尽管创业在一时解决了一部分人的失业问题，但是仓促上马的创业往往成功率不高，失业问题迟早还会显现出来，而且其副作用相当明显。比如，2008年为应对美国金融危机，我国大力推动失业的农民工返乡创业，但最后解决问题并不是这一政策，而且事实上还导致很多农民工因创业而致贫。

3.出于社会稳定过于积极推动农民工创业

这一点与第二点相似，因为担心经济下滑，导致失业率升高可能影响社会稳定，因而推动农民工创业。其效果也与第二点类似。

4.出于应对农村衰败的目的推动农民工返乡创业

这一点可以说是开错了药方，农村衰败的原因非常复杂，应针对农村衰败的具体原因寻找对策，不能过分寄希望于农民工返乡创业。

（二）树立正确的目标导向

1.推动农民工财富增收

长期以来农民工一直是社会上的低收入群体，这与他们对国家和社会的贡献并不相称。他们都有着实现个人和家庭富裕的梦想，然而，打工者很难积累财富，而创业相对于打工来说，一旦成功，就能够实现农民工及其家庭的创富愿望。

2.实现农民工及其家庭的社会"纵向流动"

当前，社会低收入阶层的纵向流动渠道相对狭窄，从而造成社会地位的代际传承，"农二代"命运将带来很大的社会问题。通过农民工的成功创业有助于打破贫困的代际传承，消除社会发展隐患。

3.反哺农民回馈农村

长期以来，我国广大农民为了支援工业建设和城市发展，作出了巨大牺牲。我国通过农业税和"剪刀差"的形式从农村转移财富。据估计，1952—1990年间我国农民仅通过"剪刀差"形式就为工业化提供了8708亿元的剩余（冯海发、李溦，1993）。因此，现阶段工业反哺农业，城市反哺农村是时代正义的表现。通过农民工返乡创业政策，推动资源向农村的流动，正是反哺农民的表现。

4.赋予农民平等国民身份

长期以来，农民不仅仅是一种职业，更代表社会身份，农民工也自觉身份低人一等，通过扶助这一群体创业，推动农民财富增长，有助于农民取得同等的国民身份。

三、农民工创业政策创新的机遇把握与风险控制

当前，推进农民工创业政策创新正面临着难得的机遇，把握好这些机遇，将其与农民工创业政策紧密结合，是有利于推进农民工创业工作的。同时，

也要充分考虑到对农民工创业风险的控制是推进政策创新需要充分考虑到的核心条件，把风险控制作为政策创新的重要关注点。

（一）农民工创业政策创新的机遇把握

如果说过去农民工返乡创业机遇还不太成熟的话，当前确实面临着难得的机遇。而且这些机遇对于上述风险的消解带来了重大利好。这些机遇表现在：

1.沿海产业向中西部地区转移的机遇

近年来由于东部地区受制于土地承载能力、环境承载能力趋于极限，再加上劳动力成本过高，导致一些劳动力密集型产业、低技术含量的产业很难生存。一些地方政府也主动进行产业转型升级，推动"腾笼换鸟""机器换人"等应对措施，逼迫相关产业纷纷向中西部地区转移。现在中西部地区发展速度开始加速，中西部省市的GDP增速连年在全国领跑。大量资金、配套项目也随之转移到内地，这对于农民工创业来说非常有利。

2.电商下乡弥补市场发育不足的机遇

近年来，阿里巴巴、京东、拼多多、苏宁易购等企业看准了我国广大中西部农村这块"发展洼地"，纷纷推动电商下乡战略，力图打通最后一公里。他们积极与知识农民合作，主动与基层政府、物流公司对接，提供资金与政策支持。这对农民工创业来说非常重要，过去产品找不到市场，现在只要连上网络，天涯若比邻，通过互联网可以把广大农村的产品卖到天涯海角。这方面成功的案例很多。

3.民间金融快速发展的机遇

近年来，互联网金融发展迅猛，像一些知名互联网企业开展了金融借贷服务，比如京东白条、蚂蚁借呗，对于农民工创业的小额信贷提供非常便利的融资机会。

4."双创"政策机遇

当前，在中央的倡导下大众创业、万众创新已蔚然成风，创业的宽松环境前所未有。

5.乡村振兴战略推进机遇

乡村振兴战略是中央层面确定的重大战略，推动乡村振兴，实现城乡融合发展，将促进大量生产要素返乡、入乡，从而为农民工创业带来前所未有的机遇。

6.产业扶贫的机遇

当前，中央推进脱贫工作的力度前所未有，资金投入、人力投入、政策投入不遗余力，产业扶贫是保障不返贫的重要手段。我们的调研也发现，大量的产业扶贫项目是与农民工创业项目是结合在一起的，抓产业扶贫有利于促进农民工创业。

因此，尽管农民工返乡创业还面临着很大的困难与问题，但相对于过去来说，确实是机会难得，值得相关政府部门把握机遇，大力开展政策创新，推动农民工创业的发展。

（二）农民工创业政策创新的风险控制

据我们的调查，农民工返乡创业最大的顾虑是担心风险，农民工财富积累有限，风险承受能力较低，搞得不好，有可能因"创业返贫"。政府鼓励农民工创业，一旦创业失败，政府不会有直接的损失，后果还得农民工自己承受。作为一个负责任的政府不是应该一味地鼓励农民工创业，而是要站在农民工的角度考虑问题，要针对风险来源，从政府的角度提供帮助。政策在鼓励农民工创业的同时，也应提醒创业的风险。有学者将农民工创业风险分为行业风险、市场风险、管理风险、行政风险、法律风险（曹宗平，2018）。本报告主要强调以下风险来源：

1.市场风险

由于中西部地区市场经济还相对落后，市场发育还不成熟。农民工创业生产的产品、提供的服务很难找到销路。

2.技术风险

农民工多数原来都是流水线工人，既缺少管理技能，又缺乏生产技术。即使有技术，也不全面，离开原来的生产环境返乡后很难派上用场。

3.政策风险

内地的政策环境往往还不够公开透明，政府工作人员吃拿卡要的现象还存在。一些承诺的优惠政策往往难以兑现，政策朝令夕改的现象还存在。

4.资金风险

农民工自有资金有限，一旦流动资金供应不及时，有可能导致经营中断。一些地方农民工创业融资只能依赖非正规金融渠道，资金成本高企，经营风险很高。

因此，针对农民工返乡创业的风险问题，政府部门不能一味盲目地鼓励农民工创业，而是要针对农民工创业的风险所在，在制定支持政策时未雨绸缪，把风险控制作为政策制订的核心要件，最大限度地考虑农民工创业的风险防范。

四、农民工创业政策的路径创新

（一）认识创新

1.从政府本位向农民工本位转变

不能仅仅站在政府角度考虑问题，要站在农民工的角度考虑问题。从过多考虑农民工创业对经济社会的功利目的到真诚帮助农民工实现创业愿望转变。各级政府可能此前都有着各自的小算盘，诸如为房地产"去库存""促内需"，站在政府的角度上可能都有合理之处，但其对于政府的公信力伤害比较大，对当地的长远发展也非常不利，因而，在制定农民工创业扶持政策时一定要谋长远,最受农民工欢迎的管长远的政策必然是以农民工为本位的政策。

2.认识到农民工创业政策已经滞后于农民工创业实践

我们现在的政策还在讨论农民工创业,事实上,据我们课题组的调研,农民工创业不仅早就在进行,而且已经蔚为大观。农民工创业成功的案例数不胜数,在这里列举数例。我国现在的女首富周群飞所在的公司生产了世界上百分之八十的手机玻璃,她当初不过是深圳一家小工厂为手表玻璃印花的打工妹;还有过去的中国首富国美电器负责人黄光裕,当初也只是在北京开一个电器门店的农民工。这是个体典型,而群体典型则更多,比如现在服务全国千家万户的"三通一达"(申通、圆通、中通、韵达),它们都是浙江桐庐农民工创办的并全部进入中国快递十强;江西安义农民工外出做门窗,最后形成一个集生产、销售、加工、安装于一体的庞大产业,占据中国70%的门窗市场;江苏溧阳农民工在外从事电梯安装,在电梯安装领域占据全国80%以上市场份额,使溧阳赢得"中国电梯安装之乡"的美誉。这也倒逼我们的相关部门需要检讨、改进我们的农民工创业政策。

众多的个案表明:第一,农民工创业取得成功甚至是巨大的成功已经是活生生的现实,不再是流于纸面讨论的问题;第二,农民工创业成功具有强大的辐射效应,往往会带动一大批人共同富裕;第三,农民工在城市的成功创业往往会反哺其家乡,推进家乡的发展进步;第四,现有扶持政策落后于实践。

(二)空间路径创新

1.鼓励多数农民工城市创业成功后返乡发展

多数成功的案例表明,在城市创业由于具有市场优势和网络资本优势,因而更容易成功。而且,他们创业成功之后,往往会带动更多的乡亲共同致富,比如在"三通一达"的带动下,浙江桐庐县已成为全国快递之乡,从业人员在5万人以上,其辐射力惊人。他们创业成功后往往返乡投资,如周群飞创业成功后,返回湖南老家投资,2014年,其浏阳工厂一年给浏阳带来了

15亿元的财政收入和5万人的就业岗位，其对家乡的贡献非常巨大。没有一定的资金实力和市场占有率就返回家乡，其影响不会很大。这些成功经验表明，在城市创业成功后再返乡往往对农民工创业者本人和家乡都更有利。我们提出如下模型：

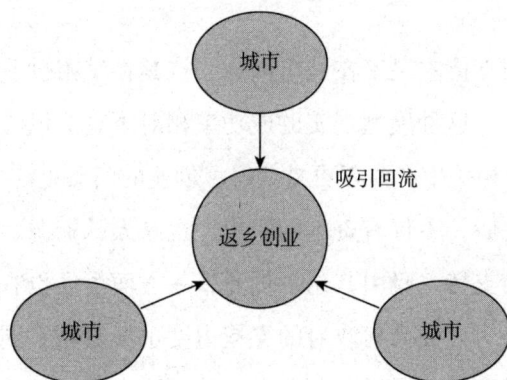

当前政策鼓励模型

图6-1 模型一

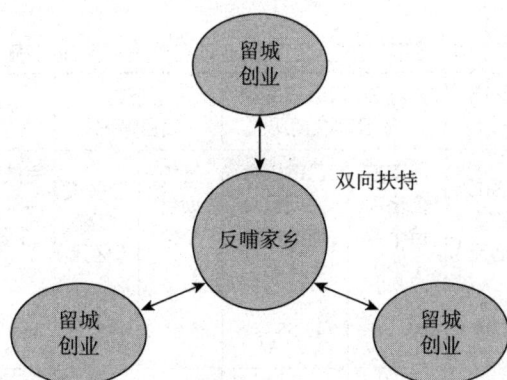

实践证明更有效的模型

图6-2 模型二

　　模型一就是当前政策鼓励的农民工返乡创业模式，鼓励在城市打工的农民工返乡创业。这种模式虽然国家鼓励，但不一定符合农民工的现实利益，因为对于在城市打工的农民工来说，其主客观条件不一定适合返乡创业，同时其抗风险的能力一般都较低，如果一旦创业失败，很可能因失败而负债致贫，只能继续返城打工，这种例子在现实中非常常见，在我们的访谈资料中也有很多。

　　模型二更强调支持农民工在城市创业，待其在城市创业成功之后，再吸引鼓励其返回家乡。这种模型现实的成功率相对更高、风险更小。这是因为在城市创业，由于相关生产要素更易获得，创业的门路更广，市场更加靠近。在城市创业成功之后，不仅有资本的积累，也有人脉资源、管理经验、技术的积累。这个时候支持、吸引其返乡创业，一方面个人也有反哺家乡、衣锦还乡的需要，另外一方面当地政府的支持力度也会更高。同时，创业者本人的抗风险能力也远高于普通返乡创业者。从实践来看，相关创业成功的案例也验证了这一点。如果政府主动引导这些创业成功的农民工返乡创业，其对当地经济的拉动能力将会非常明显。比如湖北省黄冈市就是通过大力实施"能人返乡"政策来拉动当地经济发展（见表6-1），与"返乡能人"实现了双赢，这其中多数"返乡能人"是在外地创业有成的农民工。

表6-1　黄冈市能人回乡创业项目建设情况统计表

县市区	截至 11 月 15 日合计		6 月 30 日以前签约项目审核情况		新签约项目情况		项目落地动工情况		
	签约项目个数（个）	协商投资额（亿元）	已审核合格项目个数（个）	已审核合格项目协商投资额（亿元）	签约项目个数（个）	协商投资额（亿元）	完成环评项目个数（个）	动工建设项目个数（个）	完成投资额（亿元）
全市合计	1195	995.96	958	797.65	237	198.31	816	1064	198.70
黄州区	54	14.6	2	1.4	52	13.2	54	50	3.38
团风县	103	235.35	96	188.80	7	46.55	48	48	23.68
红安县	153	99.39	134	55.96	19	43.43	110	133	19.52
麻城市	146	96.28	114	76.6	32	19.68	76	145	17.25

县市区	截至 11 月 15 日合计		6 月 30 日以前签约项目审核情况		新签约项目情况		项目落地动工情况		
	签约项目个数（个）	协商投资额（亿元）	已审核合格项目个数（个）	已审核合格项目协商投资额（亿元）	签约项目个数（个）	协商投资额（亿元）	完成环评项目个数（个）	动工建设项目个数（个）	完成投资额（亿元）
罗田县	113	128.69	101	110.19	12	18.5	45	97	26.3
英山县	107	85.2	75	56.5	32	19.68	76	145	17.25
浠水县	130	118.09	104	108.67	26	9.42	115	128	12.712
蕲春县	132	59.88	95	46.93	37	13.95	78	121	21.37
武穴县	134	75.74	126	74.91	8	0.83	108	131	20.81
黄梅县	111	68.14	100	65.09	11	3.05	91	101	22.561
龙感湖	12	14.6	11	12.60	1	2.00	12	12	7.85

资料来源：黄冈市能人回乡创业工作情况通报（第二十一期：11 月 1 日至 11 月 15 日）。

2.促进"数字折叠"解决农民工返乡创业瓶颈问题

传统的农村创业行为主要针对的是周边市场，传统农村产品是农副产品或者生活服务，再加上受制于储运和物流，因此，主要通过附近集镇的农贸市场来流通。根据施坚雅（G.William Skinner）对中国农村市场的实证研究，在中国基层市场是"农产品和手工业品向上流动进入市场体系中较高范围的起点"。根据他的测算模型，中国农村基层市场服务面积平均50平方公里，18个左右村庄，平均服务人口约7000人，到镇上最大步行距离为4.5公里（施坚雅，1998）。这一般指的是中国依赖陆路运输的地方，在水路发达的沿海地区，据费孝通的考察是不超出5英里（约合8千米）。而且这种市场结构一旦形成就会具有稳定性并与大量农村社区结合形成单一社会体系，因此，后来者是难以介入的。这就解释了为何农民工返乡创业很难成功和很难做大的问题。通过发展农村电商，"让空间上的万水千山变网络里的近在咫尺"，可以极大地扩充市场网络。阿里巴巴公司提出了一个"数字折叠"的概念。[①]"数字折叠"（图6-3）可以实现供需直连，从而最大限度地"实现最准确、最快捷、最高效的供需匹配。"实现数字折叠，推进农民工创业需要几个方面的密切配合与协作。

第一，需要返乡农民工的主动作为。农民工是创业的主体，那些观念先进，拥有互联网经验且有创业激情的青年农民工更容易接受并运用互联网创业，而中老年农民工一般不适合采用这种形式。

第二，需要地方政府的积极作为。发展农村电商需要大量的公共服务，特别是对于基础设施不发达，市场配套不成熟的中西部地区来说，更需要地方政府的政策支持，填平"数字鸿沟"。比如，独立的农民工创业者没有实力与电商平台相对接，因而也很难得到流量支持，如果地方政府主动与淘宝、天猫、京东、苏宁、拼多多等主要电商平台建立合作关系，建成"地方特色馆"、集体展示窗口，则非常有利于个体创业者的发展。地方政府在快递物流、产业园区等方面也都可以发挥关键作用。

第三，需要电商平台的支持。扶持农产品的上行，既是电商平台自身发展的需要，也是扶持农村发展的需要。电商平台扶持农民工创业者可以做很多工作，一是要深入农村，指导农村的创业者，比如阿里巴巴的"脱贫特派员"制度，通过向贫困地区派出"特派员"，帮助当地的创业者培养"互联网+"思维、提升创业能力、建设互联网体系等，其效果非常突出；二是流量支持，通过直播平台[②]、特色馆等形式促进创业者产品的销售；三是让创业者走出去，通过组织创业者培训、参观考察、互相交流等形式，提高创业者的能力水平。

---

① 阿里巴巴副总裁高红冰提出："平面上的两点，最短距离不是直线，而是将平面折叠，让两点重合。过去十几年，所有企业的努力都是在把供需之间的连接从曲线变成直线，供需缓慢接近。而今年双11，我们看到大量的企业向消费者'折叠'，实现供需直连，而这其中的推手则是阿里巴巴商业操作系统。"

② 据智联招聘发布《2020年春季直播产业人才报告》显示，仅直播相关岗位数在1月份同比上涨83.95%，招聘人数增幅高达132.55%。见《人民日报》（海外版）：搭上直播人才培养的快车，2020年6月3日。

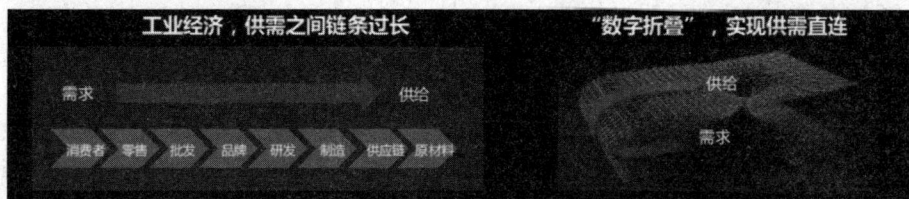

图6-3　"数字折叠"示意图

资料来源：阿里巴巴《双11"2684亿"的B面：数字折叠，实现供需直连》。

3.鼓励农民工对接产业转移返乡创业

由于东南沿海的一些劳动力密集型企业面临着用工难、劳动力成本上升、土地资源不足、环境承载压力增大等现实问题，有着向中西部欠发达地区转移的动机。农民工返乡创业可以抓住这一产业转移的机遇，利用打工地的社会资本开展创业。这需要做好三个方面的工作：

第一，农民工本人应积极寻找机会。主动与原来所在的工厂或者打工地的人脉资源联系，表达自身愿望。尽管沿海企业有动机，如果没有合适的机缘，一般也不会轻易迈出这一步，而农民工本人的主动，可以促成相关的合作。在这次调研过程中，就发现有农民工主动与前老板联系，希望帮助其生产相关产品，如河南门王楼村的王姓农民工就是这样开起了自己的服装厂。

第二，流出地政府应该积极鼓励农民工与沿海企业对接。由于多数农民工本人所拥有的资源相对有限，如果得不到中西部地区政府的支持，其原所在的沿海企业一般也不会贸然转移相关产业，这一般需要中西部地区政府重视农民工本人的作用，出台相关政策、发挥农民工的媒介作用，吸引沿海地区企业到中西部地区投资。

第三，沿海地区企业也应积极主动。企业有现实需求，也应积极主动地在自己的员工之中寻找有创业能力和愿望的对象参与到产业转移之中。我们在温州的一家工厂调研就发现一家插座厂选派自己的安徽籍的员工回其老家办厂，当然这种形式要让员工发挥关键作用。

（三）扶持政策路径创新

1.既要重视政策支持的"加法"，更要重视放权搞活的"减法"

在调研中，众多有创业意愿的农民工表示非常担心创业手续麻烦。因此我们认为，为农民工创业提供场地、资金等固然重要，但更重要的应该是一个宽松的创业环境，这包括办事是否方便、政策是否透明、工作人员服务是否规范，还包括办事手续是否简便，不必要的检查、监督是否泛滥？是否有过多限制措施？等等。

2.既要重视农民工创业的启动，更应重视农民工创业过程的支持

基于创业风险，政府不宜过分鼓励农民工创业。不能搞"一阵风"，应重视过程呵护。政府的政策应更多地关注已经启动的创业，因为只有政府的真诚帮助才能降低创业风险。一些地方对于鼓励农民工创业很上心，但一旦创业启动后就不闻不问了，这种不良倾向应该纠正。过程的扶持政府可以做的有很多方面，比如创业过程中根据创业者的需要提供相应的培训服务，创业者生产出产品后帮助打造销售平台、推介品牌，创业者品牌打响后做好维护市场秩序工作、防止恶性竞争等。

3.既要重视创业成功后的引导，更应重视创业失败后的救济

一味鼓励农民工创业，农民工往往会问：我创业失败了政府负责吗？固然政府难以全面负责，但政府完全可以做一些"兜底"的工作。这方面国内已有先例，比如安徽省新创业失败人员将获得社会保险补贴。规定：初次创业的劳动者，所创企业工商登记注册满1年不满3年，且为法定代表人或主要出资人，企业注销后登记失业并以个人身份缴纳社会保险费6个月以上的，经核定后给予一次性补贴，补贴资金用于个人缴纳的社会保险费。这种兜底的做法，有利于增强创业者的信心。

4.对于已经创业成功的农民工企业的扶持政策要从"硬"支持向"软"帮扶转变

政府可以通过培训、专家诊断，帮助完善治理结构，建立现代企业制度。

我们在调研过程中发现一些农民工创业企业在创业成功后因治理结构不完善导致企业衰落的教训。比如，知名的天天快递由弟兄三人创立，创业时兄弟同心，企业发展很快。创业成功后，由于没有及时建立现代企业制度，兄弟三人因利益之争，发生激烈的矛盾冲突，导致兄弟反目，企业经营难以为继，最后被转卖给申通公司。如果政府或者商会组织提前伸把手，帮助提高企业经营者的素质和能力，应该对他们避免悲剧有所帮助。在宁波，当地的统战部门联合行业商会经常组织对创业企业家进行培训，其中，既包括理想信念的培训，也包括现代管理素质和能力的培训，很受创业者的欢迎。

5.监管工作应从"宽严失衡"向"宽严并重"转变

应该超脱于部门利益之外，既呵护创业环境也要坚决维护市场秩序和消费者利益，这才是真正的支持农民工创业。从上文的案例可以看出，成功的农民工创业企业往往具有"野蛮生长"的特性，这是由农民工创业者创业资本不足同时受到的限制比较多决定的，"三通一达"是如此，莆田民营医疗、新化复印业也是如此。因此，对于农民工创业企业的监管工作也需要创新，在初创阶段，要多宽容、多扶持，对于一些轻微的违规行为，尽量宽容处理，帮助他们克服创业难关，尽量不要采取罚款乃至关停的措施；在发展阶段要宽严并重，帮助创业者规范经营行为，解决他们发展中的难点和问题，总体以扶持呵护为主；在高速发展阶段，要加大监管力度，在知识产权保护、环境保护、恶性竞争等问题上要加大规范和惩处的力度、维护正常的市场秩序。比如，江苏睢宁针对农民工创业的家具电商在这一阶段专门成立了电商分局，协调解决一些创业者侵犯他人知识产权、恶意打价格战、粗制滥造影响整体信誉的问题，维护了正常经营秩序。

（四）具体重难点问题的扶持政策创新

针对上文中农民工创业者反映强烈的诸如土地、融资、环保、培训等重难点问题，我们认为相关部门应该着眼需求侧推进供给侧政策创新，大力推进城乡生产要素双向流动，促进城乡融合发展，以创新思路推进农民工创业工作。

1.加强顶层设计，促进相关部门在土地、环保等政策上的协同联动

调研发现，返乡创业政策和其他公共政策存在不协调的现象，其中最为突出的是土地政策和环保政策之间的矛盾。其他学者的研究也表明，我国政府当前存在公共服务不兼容、环保合作匮乏、行政资源分散的问题。对此，需要从顶层设计的角度制定共同目标，设定联合任务，建构多个政府间跨部门、跨区域、跨层级的伙伴关系（蔡英辉，2014）。

因此，我们倡导政府在制定环保和土地等政策、推进产业发展时，应有总体的科学规划，各部门应统筹规划、互相配合。对于矛盾最突出的土地使用规划和非农产业建设方面，有关部门应明确总体的空间开发布局和空间管制方向，把经济社会发展和地域空间结构优化融为一体，科学系统地规划产业建设用地和农田用地，切实帮助返乡创业农民工解决用地问题。在环境保护和产业发展方面，有关部门需要建立健全职责明晰、分工合理的环境保护责任体系，明确并公示环保审查的具体要求，保证创业者在清楚环保要求的情况下，再进行环保审核，做到透明、公正。针对一些难以承担环保设备费用的创业者，基层政府应积极帮助他们，给予一定的技术指导和时间宽限，做到无情管理、有情操作，帮助他们走过发展的过渡期。

2.推进融资主体多元化，破解农民工创业融资难

从返乡创业热潮最初兴起，融资难就一直是阻碍返乡创业政策推行的一块短板。研究表明，目前很多返乡下乡的创业人员最关注的还是资金问题。抵押物不足、信用相对较低、担保相对较难、基层融资渠道不畅通是农民工融资面对的主要困难。

上述问题反映了现有返乡创业的融资渠道仍存在着问题，真正破解融资难题需要有新思路。为此我们把目光投向了市场多元扶持主体，发现了依靠除了政府以外的建设融资平台的可能性。

现有的农村金融平台分为三类：新型互联网系代表，如翼农贷等；传统产业巨头系，如新希望企业等；互联网巨头系，如蚂蚁金服、京东金融等。在对这三类新兴的平台的特点进行分析后，我们总结出以下三种融资模式：

一是加盟商模式。这种模式是与现有的小贷公司、担保公司、投资公司合作，使这些机构成为其在全国范围的加盟商，加盟商推荐借款人在平台融资并由加盟商担保。采用这种模式的典型平台是翼龙贷；二是自营放贷模式。自营放贷模式是由平台招收本地的信贷员，对其进行专业的培训，负责对借贷人进行风险评估。这种模式的典型平台有沃投资；三是供应链金融模式。农村金融的供应链金融模式指的是依靠上游的农资供应商以及其在农村的售卖点，根据传统的赊销关系记录来判定农民的信用等级。应用这种模式的典型平台是农信宝。

这三种不同的模式各有利弊，农民工仍然需要根据自身情况进行判断，权衡选择适合自己条件的融资项目。引入市场多元主体、共同扶持农民工返乡创业，大大拓宽了原先只能依靠政府、靠人脉的融资方式，为农民工创业带去了更多成功的可能性。

当前，大量的农民工创业者开始通过互联网金融平台贷款，比如通过蚂蚁金服、京东白条、腾讯微粒贷等贷款，这些平台通过客户在平台上的活动累积信用确定贷款额度，手续非常简便，受到农民工创业者的欢迎。但是也存在着额度偏小的问题。如果将他们的相关信用评级与商业银行、信用社共享，这样将有助于银行和信用社向农民工创业者贷款。

3.充分尊重农民工意愿，改进农民工创业培训工作

传统培训手段更多地表现为单向度的制度供给，这种供给没有充分体现农民的主体地位，农民参与的积极性不高，因而会产生参与意愿不足，培训效果难保障的问题。传统农民工创业培训存在着如下问题：一是供给与需求错位。农民的培训需求往往是比较个性化的，他们所需要的培训政府方面不一定能提供，而提供的培训又往往不是所需要的；二是便利程度不高。由于在空间上，农民居住相对分散，集中培训受到交通条件的制约；在时间上，现有培训很难做到兼顾农民的时间安排。三是运行成本较高。传统培训手段组织难度大，还需要投入大量的场地、师资，而受众相对有限，因而运行成本较高。

我们建议主要有两条，一是政府尽量不要直接组织培训工作，可以通过发放"培训券"自主采购培训服务；二是应用新技术，鼓励通过直播平台开展对农民的培训。我们课题组在全国各地调研农民工返乡创业情况，在调研过程中发现一个有趣的现象，那就是农民对网络直播平台的娴熟运用远远超过了学术界的想象。除了通过直播平台在网上卖农产品，很多创业农民在网上学习技术，我们访谈中的一位河南农民工，在网上学会了养鹅技术。①

一般来说，基于直播平台对农民的培训，有如下优点：一是凸显农民参与培训的自主性，农民可以从众多的课程中自主选择自己所需要的课程，选择的课程针对性强，因而听课的积极性也非常高；二是培训形式方便。由于智能手机高度普及，农民参与听课不受场地、时间的限制，足不出户就可以参与相应的培训，非常便利；三是教学互动性强。学员可以随时通过网络与主播交流，主播也可以及时回应学员的问题；四是评价机制明确。由于在直播过程中可以随时表达自己的观点和意见，还可以通过献花、打赏、点赞等形式表达自己的感受，主播者对于学员的反馈可以随时掌握，从而也为今后的课程改进提供帮助；五是成本相对低廉。由于平台的便利性，网上直播课程相对投入较低，农民可以以相对低廉的价格学习含金量不低的课程。为推进直播平台开展农民工创业培训工作，可以重点从如下方面发力：

鼓励支持直播平台开展对农民的培训。充分认识到直播平台开展对农民的培训是适应农民需要的有效培训形式，尽管目前规模还不算太大，但发展前景广阔，需要高度重视，重点扶持。

选择有影响的直播平台购买培训服务。对于那些有广泛影响、管理到位的直播平台乃至一些知名主播，可以有步骤地以购买培训服务的形式，免费提供给农民学习。

鼓励农技专家在线开展培训。扫清农技专家参与直播培训的制度限制，鼓励他们分享知识，获取合法报酬，以促进更多的专家为农民提供培训服务，繁荣培训农民的市场。

---

① 访谈编号：HENAN201902MLW02，详见附件。

　　适度开展涉农培训直播平台的监管。尊重市场的主体地位，相信农民的判断力和市场的优胜劣汰功能，少用直接干预的手段。同时也充分发挥相关部门的引导作用，适时提出预警，对于一些管理到位的直播平台、优秀主播予以表彰，对一些优秀的主播可以提供认证加V，促进直播培训的可持续发展。

参考文献

[1] 阿里研究院.中国淘宝村研究报告（2015）[EB/OL]（2015-12-29）[2016-12-23]. http://www.199it.com/archives/423246.html.

[2] 蔡英辉,李阳.论中央行政部门间的协同合作——基于伙伴关系的视角[J].领导科学,2013（35）:13-16.

[3] 曹宗平.多重风险维度下农民工返乡创业问题研究[J].贵州社会科学,2018（11）: 162-168.

[4] 陈恒礼.中国淘宝第一村[M].南京:江苏人民出版社,2015:48.

[5] 崔海兴,郑凤田.我国农民工回乡创业行为的理论与实证研究[M].北京:中国农业出版社,2014.

[6] 丁冬,傅晋华,郑凤田.社会资本、民间借贷与新生代农民工创业[J].华南农业大学学报（社会科学版）,2013,12（03）:50-56.

[7] 费孝通.江村经济[M].北京:北京大学出版社,2012:227.

[8] 冯海发,李溦.我国农业为工业化提供资金积累的数量研究[J].经济研究,1993（09）:60-64.

[9] 冯军旗."新化现象"的形成[J].北京社会科学,2010（02）:47-53.

[10] 傅高义.邓小平时代[M].上海:三联书店,2013:437.

[11] 郭星华,郑日强.农民工创业:留城还是返乡？——对京粤两地新生代农民工创业地选择倾向的实证研究[J].中州学刊,2013（02）:64-69.

[12] 国家统计局.2018年农民工监测调查报告[R/OL].（2019-04-29）[2020-02-05].http://www.stats.gov.cn/tjsj/zxfb/201904/t20190429_1662268.html.

[13] 韩俊，崔传义．从战略高度看待农民工回乡创业 [J].农村金融研究，2008（05）：9-11.

[14] 韩俊，何宇鹏．新型城镇化与农民工市民化 [M].北京：中国工人出版社，2014：17.

[15] 贺雪峰．农民工返乡创业的逻辑与风险 [J].求索，2020（02）：4-10.

[16] 贺雪峰等．农民工返乡研究 [M].济南：山东人民出版社，2010：17.

[17] 黄晓勇．基于结构化视角的农民工返乡创业研究——以重庆为例 [M].北京：经济科学出版社，2013.

[18] 江立华，陈文超．返乡农民工创业的实践与追求——基于六省经验资料的分析 [J].社会科学研究，2011（03）：91-97.

[19] 荆文娜．试点成效明显 全国返乡创业人员超 800 万 [N].中国经济导报，2019-06-20（001）.

[20] 柯健．返乡农民工创业就业的现状及对策研究 [J].求实，2009（06）：45-48.

[21] 雷洪，胡书芝．乡城移民家庭城市认同的区域及阶段性差异——基于广州、长沙、柳州三地的实证研究 [J].学习与实践，2014（03）：95-100.

[22] 李贵成．返乡农民工绿色创业责任伦理培育的价值、困境及进路 [J].河南社会科学，2020，28（06）：111-117.

[23] 李江，刘源浩，黄萃，苏竣．用文献计量研究重塑政策文本数据分析——政策文献计量的起源、迁移与方法创新 [J].公共管理学报，2015，12（02）：138-144+159.

[24] 李志强．网络化治理：意涵、回应性与公共价值建构 [J].内蒙古大学学报（哲学社会科学版），2013，45（06）：70-77.

[25] 刘美玉．基于扎根理论的新生代农民工创业机理研究 [J].农业经济问题，2013，34（03）：63-68+111.

[26] 刘伟．内容分析法在公共管理学研究中的应用 [J].中国行政管理，2014（06）：93-98.

[27] 刘玉侠，任丹丹．返乡创业农民工政策获得的影响因素分析——基于浙江的实证 [J].浙江社会科学，2019（11）：58-64+157.

[28] 刘志阳，李斌．乡村振兴战略视野下的农民工返乡创业——基于"千村调查"的证

据 [J]. 福建论坛（人文社会科学版），2019（03）：34-41.

[29] 吕晓，牛善栋，黄贤金，赵云泰，赵小风，钟太洋. 基于内容分析法的中国节约集约用地政策演进分析 [J]. 中国土地科学，2015，29（09）：11-18+26.

[30] 潘丹，陈寰，孔凡斌.1949 年以来中国林业政策的演进特征及其规律研究——基于 283 个涉林规范性文件文本的量化分析 [J]. 中国农村经济，2019（07）：89-108.

[31] 邱均平，邹菲. 关于内容分析法的研究 [J]. 中国图书馆学报，2004（02）：14-19.

[32] 邱玥. 全方位支持农民工返乡创业 [N]. 光明日报，2018-01-20（003）.

[33] 施坚雅. 中国农村的市场和社会结构 [M]. 北京：中国社会科学出版社，1998：44.

[34] 施丽萍. 基于内容分析法的中国科技创新政策研究 [D]. 浙江大学，2011.

[35] 孙瑞英. 从定性、定量到内容分析法——图书、情报领域研究方法探讨 [J]. 现代情报，2005（01）：2-6.

[36] 唐有财. 从打工到创业：农民工创业的发生学研究 [J]. 人文杂志，2013（08）：105-112.

[37] 唐远雄，才凤伟. 农民工创业意愿及其影响因素研究——基于甘肃省调查数据的实证分析 [J]. 宁夏社会科学，2013（03）：61-66.

[38] 汪三贵，刘湘琳，史识洁，应雄巍. 人力资本和社会资本对返乡农民工创业的影响 [J]. 农业技术经济，2010（12）：4-10.

[39] 王胜，丁忠兵. 农产品电商生态系统——个理论分析框架 [J]. 中国农村观察，2015（04）：39-48+70+96.

[40] 王世官. 新农村基层组织和建设管理 [M]. 上海：复旦大学出版社，2017：234.

[41] 王小章. 从"生存"到"承认"：公民权视野下的农民工问题 [J]. 社会学研究，2009，24（01）：121-138+244-245.

[42] 王轶，熊文，黄先开. 人力资本与劳动力返乡创业 [J]. 东岳论丛，2020，41（03）：14-28+191.

[43] 徐勇. 农民改变中国：基层社会与创造性政治——对农民政治行为经典模式的超越 [J]. 学术月刊，2009，41（05）：5-14.

[44] 徐增阳. 农民工的公共服务获得机制与"同城待遇"——对中山市"积分制"的调

查与思考 [J]. 经济社会体制比较, 2011（05）: 94–101.

[45] 张国庆, 斯晓夫, 刘龙青. 农民创业的驱动要素: 基于扎根理论与编码方法的研究 [J]. 经济社会体制比较, 2019（03）: 139–148.

[46] 张秀娥, 孙中博. 农民工返乡创业与社会主义新农村建设关系解析 [J]. 东北师大学报（哲学社会科学版）, 2013（01）: 10–13.

[47] 赵浩兴. 农民工创业地点选择的影响因素研究——来自沿海地区的实证调研 [J]. 中国人口科学, 2012（02）: 103–110+112.

[48] 赵泽众. "互联网 +" 改变农民工返乡创业生态——访 N 大学城乡治理现代化研究中心副研究员操家齐 [N]. 中国劳动保障报, 2017–11–25（003）.

[49] 钟王黎, 郭红东. 农民创业意愿影响因素调查 [J]. 华南农业大学学报（社会科学版）, 2010, 9（02）: 23–27.

[50] 朱红根. 政策资源获取对农民工返乡创业绩效的影响——基于江西调查数据 [J]. 财贸研究, 2012, 23（01）: 18–26.

[51] BERELSON B R. Content analysis in communication research[M]. New York: Free Press, 1952.

[52] HOLSTI O R. Content analysis for the social sciences and humanities[M]. Reading, MA: Addison–Wesley, 1969.

[53] HOWLETT M, RAMESH M. Studying Public Policy: Policy Cycles and Policy Subsystems[J]. American Political ence Association, 2009, 91（2）:548–580.

[54] KERLINGER F N. Foundations of behavioral research[M].2nd ed. New York: Holt, Rinehart & Winston, 1973.

[55] KRIPPENDORFF K. Content analysis: an introduction to its methodology[M]. Beverly Hills（Calif.）: Sage publications, 1980.

[56] SALAMON L M. Tools of Government: a guide to the new governance[M]. New York: Oxford University Press, 2002.

[57] SAHIN M, NIJKAMP P, SUZUKI S. Contrasts and similarities in economic performance of migrant entrepreneurs[J]. IZA Journal of Migration, 2014,3（1）:1–21.

[58] ROTHWELL R, ZEGVELD W. Industrial innovation and public policy: preparing for the 1980s and the1990s[M]. London: Frances Printer, 1981.

[59] THEODORE J L. Four systems of policy, politics, and choice[J]. Public Administration Review, 1972,32（4）:298–310.

[60] TUZIN B L, PETER N. Characteristics of migrant entrepreneurship in Europe[J]. Entrepreneurship & Regional Development, 2009,21（4）:375–397.

分报告一：互联网+与农民工创业生态系统构建

我国近年来提出"大众创业，万众创新"的制度安排，其目的一是在中国发展方式和新旧动能转化的转换期打造发展新引擎，二是在经济下行压力加大的情况下创造更多的就业机会，三是打破阶层固化为中下层民众提供公平的机会和上升通道。[①]此外，随着乡村振兴战略的提出，为实现乡村振兴的目标，吸纳各类精英返乡创业也成为当务之急。创业的主体包括大学生、留学回国人员、科技人员、返乡农民工，特别是对农民工创业非常鼓励，国务院印发了《关于支持农民工等人员返乡创业的意见》。据统计，截至2015年底，累计注册2505万个个体工商户、农产品加工企业40多万家、休闲农业经营主体180万家、农民合作社147.9万家，其中70%是由返乡农民工创办的。[②]另据2017年9月农业部发布的数据，各类返乡下乡人员已达700万人，其中返乡农民工比例为68.5%，涉农创业占比为60.0%。[③]然而，由于返乡农民工资金积累较少，而创业成功率普遍不高，因此，政府在积极鼓励农民工返乡创业的同时，也需要考虑如何帮助农民工最大限度地降低创业风险。这需要找到一个投入成本相对较低，市场覆盖空间大且成长性好的创业路径。

---

① 李克强：持续深化大众创业万众创新这一结构性改革，努力打造发展新引擎，《国务院大众创业万众创新政策选编》，人民出版社，2015年12月第1版，第6页。

② 国家发展和改革委员会：《2015年中国大众创业万众创新发展报告》，人民出版社，2016年5月第1版，第4页。

③ 毛晓雅：推进农村创业创新加快培育农村发展新动能，各类返乡下乡人员已达700万人，《农民日报》2017年09月16日01版。

一、互联网与农民工返乡创业

农民工返乡创业并不是一个新鲜概念，有农民工之后就有了农民工创业。历史上农民工返乡创业往往是被迫无奈，农民工在城市里没有了工作，不得不返乡，为了提高收入，有的会尝试创业。历史上最大一波农民工创业潮是在2008年美国金融危机之后，国内很多工厂停产，大批农民工返乡，为了解决这批农民工的就业和社会稳定问题，当时中央和地方各级政府纷纷出台政策，鼓励农民工创业。但这并没有持续多久，随着后来经济的恢复很快归于沉寂。当时很多创业的农民工创业失败后又重返城市打工。因此，这一阶段对于农民工返乡创业的前景并不看好。

然而，近年来农民工返乡创业变得更加主动。为什么从被动到主动？我们认为这其中有一个关键的变量在其作用，这就是由于互联网的发展，极大地促进了农民的创业行为。

（一）电子商务成为推动返乡创业的重要动力

阿里巴巴公司基于大数据的分析，通过比较农村青年常用收货地址、电话的变迁，以及基于身份证的淘宝店铺的设立的情况，经过综合分析，发现近年来大量以农民工为主体的人群开始返乡创业，这个数据总体上非常真实可靠。阿里研究院发布的国内首份返乡电商创业研究报告指出，"返乡电商创业正在成为一种新的潮流，电子商务有效释放草根创造力，成为推动年轻人返乡创业的最大动力。"[①]探讨这些人返乡创业的动力，主要有推力和拉力两个方面，在推力方面，主要是因为在大城市收入困难，"挣钱越来越难"，生活成本高，"房价越来越高"，竞争激烈，"工作越来越不好找"，归属感不强，"待着不踏实""融入不了"。在拉力方面，家庭因素，"回去方便照顾家人"，创业梦想，"电商投入少，帮我实现创业梦想"，机会难得，"上网购物的人越来越多"，榜样带动，"村里有人做电商很成功"。一推一拉，使得通过互联网返

---

① 阿里研究院：《2016年返乡电商创业研究报告》，2016年9月，阿里研究院公众号。

乡创业的人越来越多，这些人多数来自广州、杭州、上海、深圳、温州、苏州等大中城市。在返乡目的地中，主要有跨省返乡、跨市返乡和跨区县返乡三种类型，其中跨省返乡达到40%以上。热门跨省返乡线路主要有上海—桐乡、广州—温岭、上海—海门、上海—沭阳、广州—瑞安。总体来说，沿海地区农村返乡者相对较多，但中西部地区返乡进行电商创业的势头也很强劲，据阿里巴巴统计，河南新郑、湖北枝江、广西东兴、四川郫县（郫都区）、云南瑞丽、江西婺源、安徽望江等地排在前列。这些返乡创业者，所从事的工作一般都与电子商务有关，有的通过电商平台售卖当地特色产品，有的帮助乡亲网购商品，也有的承接本地电商的快递服务，电子商务成为这些创业者的重要工具。

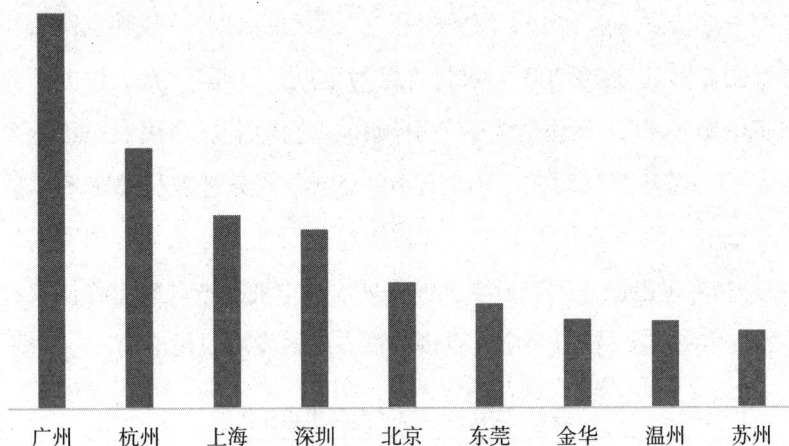

图1　返乡电商迁出的最多的十个城市

数据来源：阿里研究院，2016 年。

（二）政府积极推动返乡农民工利用互联网创业

国务院在《国务院办公厅关于支持农民工等人员返乡创业的意见》中提出"借力'互联网+'信息技术发展现代商业"，还要求电信企业"加大互联网和移动互联网建设投入，改善县乡互联网服务，加快提速降费"，文件中还鼓励各类电商平台渠道下沉，以带动返乡人员依托平台创业。对于受到创业者广泛关注的物流不畅通的问题，文件中也提出，要加大交通物流等基础设施投入，支持有关各方共建智能电商物流仓储基地，健全县、乡、村三级农村物流基础设施网络，畅通农产品进城与工业品下乡的双向流通渠道。同年11月，国务院办公厅针对农村电子商务建设发布专题指导意见，《国务院办公厅关于促进农村电子商务加快发展的指导意见》指出"农村电子商务是转变农业发展方式的重要手段，通过大众创业、万众创新，发挥市场机制作用，加快农村电子商务发展，把实体店与电商有机结合，使实体经济与互联网产生叠加效应，有利于促消费、扩内需，推动农业升级、农村发展、农民增收。"这说明中央充分认识到互联网对于返乡创业工作的重要意义。

在中央政策的推动下，各级政府部门也积极行动起来，商务部等19部门发布"关于加快发展农村电子商务的意见"，意见提出，"鼓励农民依托电子商务进行创业"，以返乡青年、农村青年为重点，"培养一批农村电子商务带头人和实用型人才"，发挥他们的"引领和示范作用"，吸引农民工返乡创业就业（表1）。商务部推动在全国创建200个电子商务进农村综合示范县，建设改造县域电子商务公共服务中心和村级电子商务服务站点；国家发改委于2016年2月和阿里巴巴集团就返乡创业发展农村电商达成战略合作协议，计划2016—2018年每年支持约100个返乡创业试点地区发展农村电商。①

表1　农村发展电子商务重点工作

工作名称	工作内容	牵头部门
一、农村青年电商培育工程	加强农村青年电子商务培训，引导农村青年运用电子商务创业就业，提高农村青年在县、乡、村电子商务服务体系建设中的作用。	共青团中央
二、"快递向西向下"服务拓展工程	完善中西部、农村地区快递基础设施，发挥电子商务与快递服务的协同作用，提升快递服务对农村电子商务的支撑能力和水平。	国家邮政局
三、电商扶贫工程	在贫困县开展电商扶贫试点，重点扶持建档立卡贫困村贫困户，推动贫困地区特色农副产品、旅游产品销售。	国务院扶贫办

① 本刊讯：国家发展改革委与阿里巴巴集团签署结合返乡创业试点发展农村电商战略合作协议，中国经贸导刊，2016（6）：79.

工作名称	工作内容	牵头部门
四、巾帼电商创业行动	建立适应妇女创业的网络化、实训式电子商务培育模式，借助互联网和大数据，助推农村妇女创业致富。	全国妇联
五、电子商务进农村综合示范	培育一批农村电子商务示范县，健全农村电子商务支撑服务体系，扩大农村电子商务应用领域，提高农村电子商务应用能力，改善农村电子商务发展环境。	财政部、商务部

资料来源：商务部等 19 部门《关于加快发展农村电子商务的意见》。

总体来说，对于农民工等群体利用互联网创业，从中央层面来看是高度重视的，针对发展中存在的问题，各部委也都有针对性地推出一些举措来推动解决这些问题。这在客观上也推进了农民工基于互联网的创业行动。

（三）电商平台积极扶持农民工的创业行动

电商平台作为市场主体，既有着天然的拓展市场获取收益的冲动，同时也承担着利益众生的社会责任，两者之间并不必然存在冲突，有时甚至可以互相促进。我国的主要电商平台都高度重视农村市场，对于农民工等群体依托其平台开展创业行动非常支持。当前，阿里巴巴、京东、拼多多、苏宁都推出了自己的农村战略。

表2　主要电商平台的农村战略实施情况

	战略定位	主要做法	成效
阿里巴巴	农村淘宝是阿里三大战略之一	村淘 1.0，简单的淘宝代购。村淘 2.0，农村淘宝合伙人变成了专业的富有情怀的返乡创业人员。村淘 3.0，以"三个中心"为指导思想的阿里生态体系全线下沉。	已孵化培育出 160 个农业品牌，上线 300 多个兴农扶贫产品和 23 个示范基地。超过 100 万的农民网商，超过 1000 亿元的农产品年销售额。建成超过 3 万个村级服务站，近 5 万个村小二。

续表

	战略定位	主要做法	成效
京东	实施工业品下乡、农产品进城、乡村金融三大战略	3F战略、京东便利店和京东帮。目标是未来实现"一县一中心"（服务中心）和"一县一店"（京东帮店）。	在832个国家级贫困县开展扶贫工作，上线贫困地区商品超过300万个，实现扶贫农产品销售额超过200亿元。
拼多多	放弃巨头深耕的一二线大城市，将目标放在更下沉的五环外市场。促进"品牌下乡"和农村市场消费升级。	"C2B"＋"预售制"模式帮助农民实现"以销定采"。通过预售制提前聚起海量订单，再把大单快速分解成大量小单，直接与众多农户对接，优先包销贫困户家中农货，实现在田间地头"边采摘、边销售"。	一年内投入34亿元，助全国农户销售183.4万吨农货，催生9亿多笔扶贫订单；在730个国家级贫困县，扶持起4.8万商家，带动其年销售额增速超过310%。带动回乡创业青年5万多人。并带动3亿用户接力，帮助农货订单实现裂变式增长。
苏宁	聚焦农村市场发展，助力乡村振兴	实行苏宁易购直营店＋线上中华特色馆的O2O模式。金融服务、人才培训。	截至2017年底，苏宁已经拥有2000多家苏宁易购直营店、苏宁易购也上线了中华地方特色馆。

资料来源：作者根据公开信息搜集整理。

　　这些电商平台的农村战略都各有其特点，但都有一个共同点，那就是都认识到农村是影响其生存发展的关键环节。此外，他们拓展农村市场，都非常注重调动返乡创业人员的积极性，力求把返乡人员的发展与平台的发展紧密结合起来，形成一个利益共同体。阿里巴巴的村淘2.0不再仅仅是将村里的小卖店改造为淘宝代购点，而是力图招募富有情怀的返乡创业青年；苏宁公司致力于培养专业化的农村人才，苏宁成立了农村电商学院，通过运用线上线下融合的方式为农村培养高质量、专业化的电商人才，推动"农人专业化"。拼多多的方式更有效，其通过预售方式，提前聚起海量订单，再把大单快速分解成大量小单，直接与众多农户对接，直接解决了农村创业者最为关心的市场销售问题，很好地促进了农民工创业，据统计，2018年带动回乡创业青年5万多人。

二、互联网改变农民工返乡创业传统生态

从过去的实践看，农民工返乡创业很难成功，即使成功了也很难做大，据重庆市人力资源和社会保障局抽样调查统计显示，2015年，该市返乡创业企业经营时间在3年以上的有9.7万户，其中5年以上的有1.2万户，分别占总户数的26.1%、3.2%。也就是说农民工返乡创业能够存活三年的只有26.1%，能够存活五年的不到4%。[①]农民工返乡创业成功率不高，这不仅与农民工的个体素质有关，更重要的是与传统的创业生态有关。传统农民工返乡创业生态的核心是市场，农民工生产的产品卖给谁、怎么卖？就需要市场来解决。传统农村产品是农副产品或者生活服务，再加上受制于储运和物流，因此，主要通过附近集镇的农贸市场来流通。根据施坚雅（G.William Skinner）对中国农村市场的实证研究，在中国基层市场是"农产品和手工业品向上流动进入市场体系中较高范围的起点"。根据他的测算模型，中国农村基层市场服务面积平均50平方公里，18个左右村庄，平均服务人口约7000人，到镇上最大步行距离为4.5公里。[②]这一般指的是中国依赖陆路运输的地方，在水路发达的沿海地区，据费孝通的考察是不超出5英里（约合8千米）。[③]而且这种市场结构一旦形成就会具有稳定性并与大量农村社区结合形成单一社会体系，因此，后来者是难以介入的。这就解释了为何农民工返乡创业很难成功和很难做大的问题。

农村传统市场之所以难以支撑农民工创业，主要有以下几个原因：

一是市场容量的有限性。传统的农村市场就如同一个"局域网"，流量和"端口"都是有限的。产品和服务规模过大，必然会出现滞销和需求不足的问题。

二是资金的约束。传统农村市场的融资渠道主要依赖于民间融资，一般是向亲友借，超出亲友的范围就需要借"高利贷"。融资的规模过小和借贷的

---

① 田文生：1/4重庆农民工返乡创业企业存活超3年，《中国青年报》，2015年12月17日03版。

② [美]施坚雅：《中国农村的市场和社会结构》，中国社会科学出版社，1998年4月第1版，第44页。

③ 费孝通：《江村经济》，北京大学出版社，2012年10月第1版，第227页。

高风险，决定了传统农民创业只能做一些小本经营的买卖。

三是物流的制约。如果要拓展市场半径，在传统的农村市场，缺少第三方服务，主要依赖自办运输，这必然会增加运营成本。

如果创业者想突破基层市场向外扩展，在传统农村市场一般有两个办法，一是投入足够的资本，独立解决物流、市场推广等问题；二是借助中间商，虽然降低了风险，但不可避免地将付出额外成本并将受制于人。显然，第一个办法对于返乡农民工来说是不具有可行性的，据统计，返乡农民工依靠打工完成原始积累的不到7%，自有资金相当有限，依靠商业信贷非常困难，而民间信贷成本高、供给有限。第二个办法往往是农民工普遍采用的办法，他们往往将自己的产品委托"二道贩子"（中间商）来进行销售，因为这些中间商掌握了销售渠道，创业者有求于他，所以在价格上创业者议价的权利较小，而且赊购的现象很严重。创业者不仅要受到中间商的盘剥，甚至要受到销售代理人的盘剥，比如费孝通就在《江村经济》中描述了在生产者（出售蚕丝的农民）与收购人（商人）之间还存在着一个航船主（销售代理人），航船主掌握着运输工具，而且熟悉收购人和生产者，具有一定的信用，因此他就自然成为销售代理人，当然这个代理不是无偿的，佣金高达售价的4%左右。[①]

客观来说，施坚雅考察的中国农村市场是中国20世纪初到60年代的市场，其中20世纪初到50年代初中国是自由市场，而随着集体化的推进和"社会主义改造"运动的推进，到50年代中期农村的自由市场基本就消失了。也就是说他对此前的研究对于我们考察中国的农村市场是有一定意义的。那么，80年代初中国农村自由市场逐步恢复后，是否又适用于此前施坚雅的描述呢？我们认为在相当长的时期内，施坚雅关于中国农村市场的理论是基本实用的，特别是在中国广大中西部地区，因为随着集体化的解体，中国农村重新回到类似小农经济的时代，直到今天，农业产业化还是推进不足，农村生产力水平还是没有得到实质性的提高，特别是施坚雅研究的四川地区还是如此。当然，近年来，随着电动车、摩托车的普及以及汽车销量的扩大和"村村通"

---

① 费孝通：《江村经济》，北京大学出版社，2012年10月第1版，第225页

的实现，农民的活动半径也得到扩大，施坚雅的模型也面临着修正的问题。但是在互联网作为工具出现之前，即使市场半径扩大了，农民工在农村创业基本上还是受制于农村市场。

以上，就是在互联网作为工具出现之前的农民工返乡创业所面对的现实市场约束。

在互联网+真正与农民工创业结合之后，传统农村市场对创业的限制被突破，在产品或服务区域上由原来的有限扩展到无限，不仅可以服务周边客户，只要自己的产品受欢迎，甚至可以扩展到外地甚至海外市场，这就可以解决有效客户不足，生意做不大的问题；在物流上，农民工可以不用自办物流，借助第三方物流解决运输问题；在货款上，不需要现金交易，也不用担心传统市场普遍存在的赊欠问题，而是借助第三方支付解决收款不便及变现问题。（见表3）

表3　互联网+市场与传统市场的区别

市场类型	服务半径	平台性质	物流	货款
传统市场	有限	实体	自办	现金交易或赊欠
互联网+市场	无限	虚拟	第三方物流	第三方支付

也就是说借助互联网，农民工创业完全可以突破过去传统市场的束缚，低成本、高效率地实现产品推广和市场拓展，从这个意义上说，互联网确实在一定程度上解决了原来农民工返乡创业面临的卖什么、怎么卖的难题，使得返乡创业的成本大幅降低，同时，由于市场空间无限拓展的可能，也就使得创业做大变成现实。总之，相对以往返乡创业，互联网+时代的农民工返乡创业具有较强的可操作性。

三、理论架构：互联网+背景下的新型农民工返乡创业生态系统

在互联网时代的大背景下，农民工创业不是一个孤立的个体行为，要想成功，必须依赖于一个完整的生态体系。自然界的生态系统（ecosystem）包

括非生物的物质和能量、生产者、消费者、分解者。借鉴自然界的生态系统理论，我们假设在互联网+背景下的农民工返乡创业实践也存在着一个类似的生态系统。这一灵感来源也与互联网业的发展密切相关，蓬勃发展的互联网业也非常强调建立完善的"生态系统"。比如马云说过："我从未觉得阿里是一个帝国，更坚信我们不能做帝国。任何一个帝国都有毁灭的时候，我们要做的是'生态系统'，因为只有'生态系统'才是基本上可以生生不息的。"[①]阿里巴巴的IPO招股说明书中曾24次提及"生态系统"。而腾讯马化腾也公开表示，腾讯自己只保留"半条命"，另外"半条命"交给了生态系统上的创业者[②]。互联网平台只是创业生态系统中的一个有机部分，在互联网+背景下的农民创业生态系统是非常复杂的，与自然界的生态系统类似，农民工返乡创业生态系统的构成是这样的：土地、独特的自然环境、基础设施、政策环境、电商平台等构成非生物的物质和能量，创业者是生产者，产品和服务的目标用户是消费者，电商平台、物流、金融服务等扮演着分解者、输送者的角色。它们共同构成一个有机的生态系统。

表4　互联网+背景下农民工返乡创业生态系统

非生物的物质和能量	生产者	消费者	分解者
土地基础设施电商平台政策环境	返乡创业者	目标用户	物流商、金融机构、监管机构等

（一）为创业赋能：基础设施与政策环境优化提升

基础设施是硬条件，政策环境是软约束。互联网发展高度依赖于硬件建设。近年来，我国互联网由于运营商之间的竞争，带宽不断提高，资费相对下降，使得宽带网逐步普及，并逐步向广大农村延伸。据第36次CNNIC报告，我国网民规模达6.68亿，其中农村网民占27.9%。最关键的是由于智能手机的普及，使得我国许多农村地区一步跨过PC互联时代，直接进入移动互联网时

---

① 宋玮：马云的帝国：一个拥有企业宗教的"生态系统"，《财经》，2013年10月21日。

② 马化腾：在很多领域，腾讯都是"半条命"《南方都市报》，2017年12月7日。

代。移动互联网更方便、更快捷、更经济。据统计，我国已有4G用户5.3亿，比欧美总和还要多。农村互联网的普及，使得农民工返乡依托互联网创业有了可靠的技术保障。此外，我国政府也已充分认识到互联网对农民工返乡创业的重要意义，国务院出台的意见中也明确提出加强"互联网创业线上线下基础设施建设"，各地也纷纷针对农民工返乡创业出台相关优惠政策，这都为农民工返乡创业创造了非常宽松的政策环境。

（二）生产者形成：农民工返乡创业的意愿与行动

创业本应该是农民工的理性行为（江立华、陈文超，2011）。中国农民一向具有创造精神，国家的政策凡是尊重农民意愿的、支持农民首创精神的一般都能取得好的效果，否则可能遭受农民抵制，甚至归于失败（徐勇，2010）。国家制订农民工创业政策应该考虑农民工的意愿，据唐有财等的调查，选择有"很强烈""比较强烈"的创业意愿的农民工合计达56.1%（2013）。我们这次的调查也表明，超过半数的农民工表示有创业的意愿，其中有5.6%的人已经在创业。据农业部统计，截至2015年底，农民工返乡创业人数累计已超过450万，约占农民工总数的2%。农民工是返乡创业生态系统中的生产者，他们是创业的主体，其他部门都是围绕他们服务的，帮助他们拉近愿望与现实的距离，帮助他们将愿望诉诸行动，但真正的行动者是他们，政府部门可以根据农民工意愿，提供相应的创业培训服务等，至于农民工创业的方向选择都应尊重农民工意愿，其他部门不能越俎代庖。

（三）消费者异变：消费对象的广域化

与过去农民工返乡创业一般都把消费对象集中于周边区域不同，基于互联网的创业从一开始就把消费对象定义为广大的国内和国际市场。产品的地域特色与市场的广泛性并不矛盾，越是地域的，越是世界的。成功的案例也充分地证明了这一点，比如江苏宜兴的紫砂村的紫砂器具、大理白族新华村的银器通过网络行销全国，使得他们古老的手艺又焕发了青春。而对于消费者来说永远不变的是对创新的追求、对质量的执着、对服务的高要求。因此，对于创业者来说，最重要的不是担心有没有消费者，最重要的是通过创新提供高品质的产品和优质的服务；而对于当地政府部门来说，要做的是通过完善基础设施，方便产品以低廉的成本传递到消费者手中。

（四）分解者跟进：电商平台与线下配套服务

对于一个成熟的生态系统来说，分解者和输送者扮演着不可或缺的角色，而对于农民工返乡创业来说，电商平台、物流配送、金融服务更是直接决定着依托互联网创业的成败。当前，中国的电商已经涌现出一批具有世界级别的大型企业，他们近年来纷纷推出了自己的农村战略，少数企业雄心勃勃，甚至希望提供一揽子解决方案。比如阿里巴巴农村战略的第三层面就是帮助农村建立包括交易、物流、支付、金融、云计算、数据等在内的基础设施。农村淘宝通过与第三方物流合作，打通乡村物流网络。通过"菜鸟网络"，实现送货入村。通过"满天星项目"实现农产品溯源。通过"蚂蚁金服"提供金融服务，据称，其已为"18万家农村小微企业提供了经营性贷款，累计放贷300亿元"。此外，京东公司推出"3F战略"，包括工业品进农村战略（Factory to Country），农村金融战略（Finance to Country）和生鲜电商战略（Farm to Table）。其中，提供面向农村的普惠金融服务和建立从农村到城市的农业品直供渠道，对于农民工返乡创业来说将具有重要意义。依托这些成熟的电商平台，确实可以帮助农民工降低返乡创业的成本、发现潜在消费者、方便快捷地融资并尽快建立个人的信用记录等，充分利用这些优势平台是当前农民工返乡创业的一个可靠的选择。

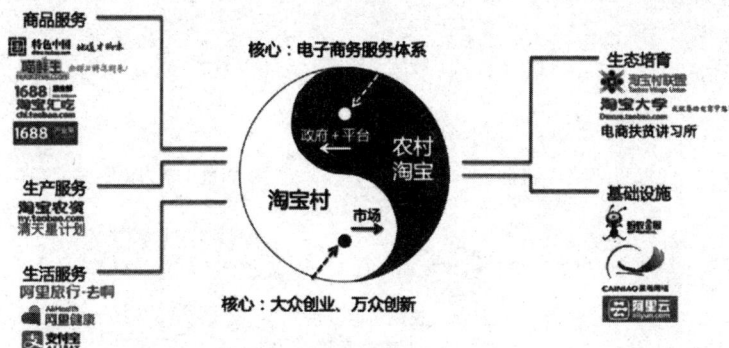

图2 阿里巴巴农村战略示意图

资料来源：阿里研究院发布的《中国淘宝村研究报告》（2015）。

四、实践解构：互联网+与农民工创业生态系统形成的典型案例

一个生态系统的启动具有一定的偶然性，有可能是生产者驱动的（Producer driven），也有可能是资源驱动的（Resource driven），还有可能是外力（能量）驱动的（External driven）。有可能是单因素驱动，也有可能是多因素联合驱动。在互联网的作用下，这些因素被整合、放大，不断进化、成长，从而形成功能更完备、规模更庞大、运作机制更复杂的生态系统。基于上文的研究假设，我们在阿里研究院新乡村研究中心的帮助下，先后调研了山东曹县，江苏沭阳、睢宁，浙江义乌，福建龙岩等地的淘宝村、淘宝镇，重点考察其中农民创业生态系统的生成机制。[①]

---

① 感谢阿里研究院新乡村研究中心提供的调研机会。特别是要感谢盛振中副主任的热情帮助，以及沭阳刘丽萍主任、龙岩培斜村华锦先、赖佳明等提供的方便。

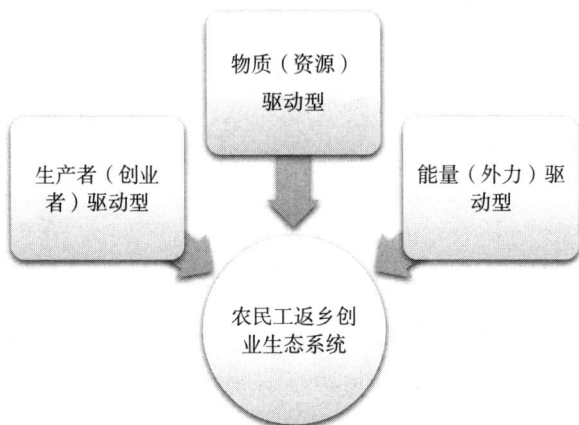

图3 生态系统模型

（一）生产者驱动型生态系统：沙集模式

沙集模式的产生具有一定的偶然性，但这种偶然性也蕴含必然的逻辑。2007年，江苏睢宁县沙集镇东风村村民孙寒、陈雷等在上海游玩，逛到宜家家居店，被那些简易、时尚的拼装家具所吸引，返乡找当地木匠生产类似家具在淘宝上销售。没想到一炮打响，第一个月收入就达到10多万元。同村村民知道后纷纷模仿。到2010年，沙集镇就拥有600多名农民网商，开办了2000家网店。网销拉动起一个新兴的产业群，包括家具厂200余家、物流快递企业16家，板材加工厂6家，家具配件门市2家、网店专业服务商1家。当年，全镇网销额超过3亿元。随后该模式被复制到周边乡镇，带动整个睢宁县电子商务的发展，截至2016年底，睢宁县网店总数达到36900家、配套物流企业60家、直接带动就业20万人，电子商务交易额136亿元。①

沙集模式的生态体系的形成非常独特，在沙集镇本来没有家具产业，也不出产木材，东风村也只是一个因收购废旧塑料而闻名的村子，就因为孙寒、陈雷（生产者）个人的能动性，利用刚兴起的互联网电商平台，从而带动制造业（家具工厂）、服务业（物流）等产业的发展，是一种典型的信息化带动

① 阿里巴巴：中国农村电子商务发展。

工业化、城镇化的样本。

这种"无中生有"的模式，带头人（生产者）是关键，他必须具有一定的眼光和技能。在这个案例中，孙寒作为返乡青年，曾经在移动公司做过客服，熟悉互联网，有一定的市场意识，这都是他成为带头人的关键，他创业成功后尽管也想控制其他人学技术，甚至威胁要打人[1]，但农村是一个"熟人社会"，现代市场规则敌不过人情，孙寒、陈雷乃至为他们生产家具的王木匠不得不向好友、家人传授技能，从而产生了更多的生产者，产生了大量的家具厂、木材加工场，从而壮大了生产者队伍。在这个案例中，电商平台成了公共物品或者说是基础设施，属于生态系统中最基础的物质和能量，没有平台，生产者很难创业，更不可能以极低的成本实现快速扩张。生态系统规模扩大之后，物流及相关服务以及政府监管（分解者）的跟进也就水到渠成了。沙集模式的意义在于，这种生态系统构建的门槛极低，一旦启动就会呈现"细胞裂变式复制扩张"，"带动制造及其他配套产业发展，各种市场元素不断跟进，生成以公司为主体、多物种并存共生的新商业生态"，从而带动农村的三化融合，其社会效应非常明显。当然，由于启动的低门槛，也带来恶性竞争、侵权等问题，这有赖于政府引导措施及监管手段的跟进。[2]

（二）物质（资源）驱动型生态系统：中闽弘泰模式和东高庄模式

这种生态系统的形成特点是，首先要有一个在当地有优势的产品（资源），或者已经有一个成熟的市场，然后依托这种特色产品或者成熟市场，对接互联网平台，将产品优势转化为商品，将有限市场放大为无限市场。这种类型的生态系统比较典型的有中闽弘泰模式和东高庄模式。

中闽弘泰模式成功的关键首先是有一个独具特色的产品——铁观音茶。

中闽弘泰的创始人王思仪创业时还是一个初中辍学的少年，由于整天宅在家里打游戏，父亲的一句"整天玩游戏，不如替家里想想家里的茶叶怎么

---

[1]　陈恒礼：《中国淘宝第一村》，江苏人民出版社，2015年8月第1版，第48页。

[2]　中国社会科学院信息化研究中心、阿里巴巴集团研究中心：《"沙集模式"研究报告》。

卖出去"点醒了他，他开始了在淘宝上的创业之路。2012年，第九届全球网商大会上，安溪中闽弘泰电子商务创始人王思仪，成为全球十佳网商。2014年，王思仪和他的团队，又斩获了铁观音线上销售冠军的殊荣。中闽弘泰之所以成立这个合作社主要有两个考虑，一是保证茶叶质量，第二是解决货源问题。合作社成立之后，要求所有加入合作社的茶农按照统一的标准制作铁观音，这样制作出来的茶叶不但有了统一的标准而且又保证了茶叶的质量。茶农每年都需要为合作社提供定量的茶叶，这种方式一方面可以解决茶农面临的茶叶销路问题，另一方面，对于中闽弘泰这个线上店铺来说，相比于其他需要向不同茶农茶场采购茶叶的企业来说，中闽弘泰的产品品质更可控。也就是说，合作社的存在让货源和品质这两大关键因素都可以顺利解决。由于合作社是采用网上直销的模式，茶叶直接从原产地送到消费者手中，省去了中间环节，自然价格更低。由于销量的不断扩大，现在合作社的茶年产量已经可以达到两三百吨。①现在中闽弘泰茶叶专业合作社下辖一个茶厂（龙珍茶厂）和85家农户，拥有茶园3256亩。合作社在淘宝商城设有旗舰店，采用产地直销的销售方式进行铁观音茶叶的销售。

中闽弘泰模式生态系统中，核心创业者（王思仪）凭借个人突出的营销能力及特色产品（铁观音）在电商平台上创业，创业成功后吸引其他传统创业者进入合作社，规范产品标准，保障产品供应。在这一系统中核心创业者利用独特的资源，依托互联网平台拓展市场，在销路拓展开后，通过合作社的形式，扩大生产规模，把控产品品质，降低生产成本，形成了有特色的创业生态系统。

东高庄模式成功的关键是当地事前已形成了一个比较成熟的羊绒制品生产、销售市场。

东高庄模式所指的东高庄位于河北省清河县，该村地理位置偏僻，拥有农田2020亩，主要农作物是小麦、玉米。村民2000余人，刘、宋为两大姓氏。与上面两种模式不同的是，东高庄经营羊绒制品并非从零起步。东高村

---

① 刘益清、吴清远：《王思仪和他的闽茶电商王国》，《福建日报》，2015年01月29日。

从1985年起，就有村民开始从事羊绒深加工产业。到了20世纪90年代，就发展到每家能有两三台梳绒机。此时村里有一半村民、200多户家庭都自发参与分梳羊绒产业中。到20世纪90年代末，梳绒业已普及到全县60%以上的村庄，从业人员达6万多人，年梳各类无毛绒2万多吨，其中山羊绒5000吨，占到全国总量的60%。[①]从这个数据可以看出，清河本来就是一个非常成熟的羊绒市场，只是因为相关销售、经营成本过高，农民创业获利有限。

东高庄开始在网上销售羊绒制品是从2007年一个叫刘玉国的返乡创业青年开始的。刘玉国初中毕业。1997年，刘玉国在一家百货公司开了一家羊绒衫精品店做销售代理，辛苦赚的20多万元被骗。之后返回清河再次创业，到2007年，刘玉国的羊绒加工厂已经有20多名员工了，但扣除成本每年只能赚一两万元。这一年因他的叔叔看过他人开网店赚了钱，于是也鼓励他试试，他抱着试试看的心理，用借来的数码相机拍了几张照片上传到淘宝网，没想到很快就成交了，一天就赚了200多元，这让他大受鼓舞。原来他做了十年生意没有买车，开网店两年就买了3台车，这引起当地村民的关注和模仿。现在东高庄村400户村民在网上开店，注册的品牌竟有400多个，年销售额在100万元以上的达到20多家。

在东高庄这个模式中，其生态系统构成的特色是：在接触互联网之前，这里其实已经存在一个生态系统，这种生态系统是传统的，生态系统的生产者是广大从事羊绒初加工的农民，他们将产品卖给国内外的商家，这些商家将其深加工做成终端产品，挂上品牌后卖给消费者。由于不具有终端消费渠道和品牌，因而农民获取的附加值比较低。而在对接互联网平台之后，这一生态系统迅速升级，生产者通过平台直接对接消费者，大大降低了双方的交易成本。与沙集模式不同有两点，一是这里已经存在一个较为完善的市场，二是对带头人的眼光和个人创意依赖有限，因为并不需要"无中生有"。两者相同之处是都是市场自发行为，政府作用有限。东高庄模式的缺点也是明显的，那就是"野蛮生长"，现在由于恶性竞争，互相杀价，致使假冒伪劣层出

---

① 赵新培：《东高庄村：淘宝经济的农村致富样本》，《北京青年报》，2017年3月6日。

不穷，经营比较困难。

（三）能量（外力）驱动型生态系统：遂昌模式和培斜模式

这种生态系统的特点是当地没有成熟的产品或市场，或者有产品但没有互联网意识，当地党委（政府部门）主动作为，积极介入引导和促进相关创业者利用互联网+进行创业，并积极参与营建生态系统。典型有遂昌模式和培斜模式。

遂昌模式以农产品销售为主，这得益于当地独特的自然资源。遂昌县属浙江省丽水市，山地占总面积的88%，是个典型的山地县。与浙江其他县市不同，遂昌工业经济一般，以农业经济为主，农林特色产品丰富。在2010年以前，遂昌已经有一些零星的创业者在淘宝网上开店，他们的身份不一，有返乡农民工、本地农民、返乡大学生等，主要经营本地特色的农产品，如竹炭、烤薯、菊米等，规模有限。2010年3月26日，遂昌网店协会由团县委、县工商局、县经贸局、碧岩竹炭、维康竹炭、纵横遂昌网等多家机构共同发起成立，从上海回来的潘东明成为首任会长。网店协会做了几件事，就将遂昌依托互联网创业的生态系统彻底盘活，一是培训创业者，对那些有意愿但不知如何有效对接互联网的创业者提供义务培训。协会成立以来累计组织了30多场大中型培训，培训人员达3000余人次，同时搭建技术咨询平台，随时解答网商问题；二是整合供应商资源，组织网货，让会员卖什么不再成为问题，同时协助供应商（合作社、农户等）进行产品开发，提高供应商新品开发的成功率；三是规范电子商务的服务市场与价格。如，网店协会通过与物流公司谈判，控制住了物流费用上涨，同时积极促成网商面临的仓储、资金难题纳入政府的电商扶持政策；四是创立"赶街网"，它瞄准了农村"最后一公里"的痛点，每个村设置一个合作伙伴，配置一台电脑、一个显示屏，帮助农民买卖商品。截止到2013年6月底，遂昌网店协会共有会员1473家，其中，网商会员1268家，供应商会员164家，服务商会员（包括物流、快递、银行、运营商，以及摄影、网页设计等服务商）41家。在1268家网商会员中，农村户口人员占621家。在遂昌逐渐形成了较完备的电子商务生态体系，为城乡中青年群体提供了近5000个就业岗位。[①]关键是由于协会的良好组织效应，使得遂昌模式受到了淘宝的重视，因为对于淘宝这个平台来说农产品的品质和安全也是他们的一个"痛点"，因此淘宝非常青睐遂昌模式，2012年5月，遂昌县人民政府与阿里巴巴集团淘宝网举行了隆重的签约仪式。一举成为行业领先者，同时遂昌成为中国首个网商线下安全保障机制试点县。2013年1月，淘宝网全国首个县级馆"特色中国-遂昌馆"开馆，并开创以"公共服务平台"作为特色中国运营商的推荐"特色中国2.0"模式。有了平台的加持，极大地推动了这一生态系统的高速发展。

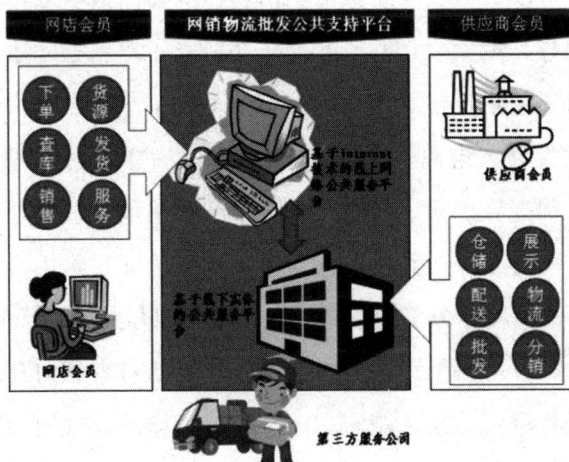

图4　遂昌模式运作流程

资料来源：遂昌市网店协会供图。

遂昌模式这一生态系统中，协会扮演了关键角色，协会是一个半官方组织，当然在其背后有着官方的强有力的支持。本来遂昌的网商在市场上影响力不大，但由于有了协会的组织，为其提供培训、货源、服务商等一揽子公共服务，并为其创造良好的公共关系，使得创业者能够乘势而上，降低投资

---

① 周爱飞 齐杰：遂昌模式研究——服务驱动型县域电子商务发展模式，人民网-理论频道，2016年08月04.http://theory.people.com.cn/n1/2016/0804/c401815-28611279.html.

成本，快速拓展销售市场。在这一生态系统中，生产者的作用并不太突出。

培斜村模式的形成则与村级党委的大力推动有关。

培斜村位于革命老区福建龙岩。1993年，一个偶然的机会，培斜村党支部书记华锦先听说邻近的江山乡生产竹凉席能挣钱。他立即跑到江山参观，并自筹资金3万元办起了全村第一家竹凉席加工厂，当年便产生了效益。随后，一批在外打工的村民纷纷回村兴办竹凉席加工厂。早期分散的家庭作坊式加工厂各自为战，带来很多问题。村两委决定成立竹凉席有限公司，注册了"天然"商标，采取"公司＋农户"模式，对全村竹席厂实行原材料、规格、质量、办证和销售"五统一"管理。2003年起，村两委又决定在村里试种茶叶，获得了成功，村民纷纷跟进。培斜村两委探索出了"支部+协会+农户"的模式来引导帮助茶农，并于2004年初成立了培斜茶叶协会，提供从茶叶种植到加工的一条龙服务，并利用原有的竹凉席销售渠道，拓展茶叶市场。随着淘宝的日益发展，电商逐渐成为农村经济发展的一种新业态。2013年，村党支部书记华锦先在山东、福州、龙岩市学习培训时，发现"淘宝"的商机。经过与村"两委"班子和村民代表多番调查论证、集体研究，决定大力发展电商产业，动员在外务工的本村年轻人回乡创办网店，营销本村竹制品、茶叶和其他产品，开辟网络市场。村"两委"开始对有意向开设淘宝店、参与服务的村民进行登记造册，制定"淘宝村"市场建设规划和准入标准，并对入驻的商家实行免费统一制作店牌和货架，免费提供店铺装修，厂家先供货后收款等优惠措施，提供两年店面和仓库免租金、第三年开始按每年每平方米5元收取租金政策。同时，由熟悉网络技术的年轻党员、大学生党员先行创办、领办"淘宝网店"和实体店，摸索电子商务运营经验传授于村民；发挥老党员、村干部和种养能手懂种养、会营销、信息广的经验优势，动员亲友投资开店，并对实体产业和网络营销如何有效对接进行指导；组织村里老人、妇女参与产品包装、物流配送等销售环节，实现了足不出户即可就业增收。目前，培斜村共有淘宝实体店20家，经营网店110家，从业人员200多人，吸引了18名本村大学生毕业回乡创业，吸引了十多家快递公司入驻该村。

2014年营业额达到7000多万元，培斜村也成为全省唯一的全国首批14个大型"淘宝村"之一；2016年起，村里每年通过收取店面、仓库租金可增加村财政收入15万元。

在培斜模式这一生态系统中，村集体发挥了非常关键的作用。村集体不仅是土地、山林等重要资源的所有者，更发挥了一个生产者的组织、协调、决策作用。培斜村这样的资源禀赋在老区非常常见，如果没有村组织的领导，返乡农民工很难有能力动员相关方面的资源实现有效的创业。当然，互联网+在这一平台发挥了重要作用，对于这样新型闭塞偏远老区来说，解决了信息不对称问题，再加上物流的跟进，都有助于降低创业的成本。

（四）三种生态系统的比较

以上三种生态系统、五种模式基本包括了当前我国互联网+农民工返乡创业的主要模式。

三种生态系统中，生产者驱动型生态系统对于创业者的个人素质有较高的要求，一般这样的创业者都是有着一定文化素质和工作经验、富于冒险精神的返乡农民工。原来有没有成熟的产品不是关键问题，但创业时必须要找到一个合适的产品，这个产品能不能做大，其价格、质量、创新性都很重要，但不一定是本地特色产品。比如东风村的家具，缙云县北山村的户外用品，都不是当地原有的产品，但由于孙寒、吕振鸿两位农民工具有创业精神，抓住了互联网机遇，选择了有特色的产品，很快就打开了市场，随着被复制推广形成规模效应，相关配套产业迅速跟进，当地政府予以扶持和帮助，从而得以形成一个较为完善的生态系统。

物质（资源）驱动型，则对资源和原有成熟的市场依赖较大。这些地方由于已经有了比较成熟的产品或者一定规模的市场，即使没有互联网的加持，没有带头人的带动一样可以有一定的市场地位。但是有了互联网的应用确实改变了原来的生态，使得销售市场急剧增长，从而带动了生态系统其他部分的大幅改变。从这种意义上说，互联网及首创者的作用也应该充分肯定。中闽弘泰模式中的王思仪虽然销售的还是当地的优势产品铁观音茶，但其销售理念、模式、组织形式由于引入了互联网思维，从而与其父辈有了很大的不同。同样，对于依托成熟羊绒市场的东高庄模式来说，也大大提高了其经营效率，但是由于传统生态系统过于强大，也直接导致了该模式仍然受到传统生态系统的桎梏，难以进行革命性的提升。

能量（外力）驱动型，组织和政府的引领非常关键。有些地方，没有市场自发产生的带头人的带动，也没有赖以发展的独特的产品资源和成熟的市场，如果一味消极等待，可能很难等到发展的那一天。这时候党组织和政府的战略眼光和行动能力就非常关键。培斜村的互联网+的引入，党支部发挥了非常关键的作用，而遂昌网店协会贯彻当地党委政府的政策，对于当地农民工依托互联网创业发挥了引领作用。

具体到五种模式中，对于其在市场与政府关系、资源禀赋的依赖程度、与电商平台关系的强弱以及可复制性方面也值得探讨。

从市场与政府（集体）的关系上看，可以分为自下而上和自上而下两种路向。沙集模式、东高庄模式、中闽弘泰模式都属于典型的自下而上的市场自发模式。这种模式的优点是创业者的创业热情高、市场活力足，缺点是由于一哄而上，市场自律性不足，导致恶性竞争，互相压价、以次充好、侵犯知识产权等问题随之出现。比如在沙集，这个问题表现得特别明显，一个网店开发的某个款式一旦畅销，其他网店纷纷仿制，导致诉讼纠纷的产生，并激化创业村民的矛盾，甚至伤及沙集家具的整体声誉。

从对资源依赖的程度上看，可以分为三类，一是对创业者禀赋的依赖程度、二是对市场的依赖程度、三是产品资源的依赖程度。沙集模式由于是"无中生有"，对创业者的悟性、经营能力要求较高，中闽弘泰模式由于需要整合农户资源，因此对创业者的组织能力要求较高。而东高庄模式高度依赖于原有的成熟市场，对创业者个人的素质要求相对较低。遂昌模式、培斜模式、中闽弘泰模式都依托于当地独特的产品资源，比如，中闽弘泰依托于当地的特产铁观音，遂昌则依托于当地知名的竹炭、菊米，培斜模式依托于竹席、茶叶、旅游资源。而沙集模式则销售本地并不盛产的家具，完全不依赖本地的特色产品，沙集的家具出名后，原来该地主营的废旧塑料回收业也因此衰败，解决了老大难的环保问题，也算是一个意外的收获。

从对电商平台的依赖程度上看，五种模式各有不同。完全依赖电商的是沙集模式，该模式因淘宝而生，也因淘宝而繁荣。遂昌模式、培斜模式也具有较高的依赖性，因该产品原来除了本地人认可外，在域外基本没有销路，通过与电商的结合，意外地开拓出了一个潜在的大市场。而东高庄模式、中闽弘泰模式则对电商平台的依赖程度较低，因两地主营的羊绒和铁观音茶在全国具有较高的知名度，但通过电商平台，解决了传统营销模式的信息不对称问题，既降低了商家的营销成本，提高了收入，也让消费者降低了支出。也就是说通过互联网的撮合机制，降低了社会成本，促进了商品的流通。

从改进路径上看，五种模式都有其缺陷，都需要有针对性的提升。沙集模式、东高庄模式，市场化程度高、经营相对分散，有利于激发市场活力，调动返乡农民工的创业热情，但由于缺乏统一的组织和监管，必然在中后期出现恶性竞争等问题，因此，该模式需要强化行业自律和市场监管。事实上这些地方的创业者和政府都意识到这个问题，如沙集镇所在的地方政府就出台了相关政策和成立相关组织统筹服务和监管当地的电商。而遂昌模式虽然组织化程度较高，但创业者如果过度依赖协会和政府，必然创新性、自主性不足，难以成就杰出的企业和企业家，而且协会过度依赖个别突出领导者的现象也很难持续，因为协会领导也有自己的事业，很难平衡两者的冲突。中闽弘泰的合作社+农户的模式具有较强的活力，但存疑的是这种合作并非股权形式的合作，怎样调动双方的积极性，共同成长，而不是电商一方的突出成长，也是一个需要解决的问题。

从可复制性看，选择合适的模式复制推广，是学术界和政府部门需要思考的重要问题。总的来说，各地需要结合当地实际，比较优劣，选择最合适的模式。如果本地有独特的资源，但缺乏有效的组织、发动与推广，那么选择遂昌模式是最合适的，因为可以利用政府（协会）的力量通过培训、资金扶持、场地安排在相对较短的时期内实现较大的突破，这也是近年来商务部和阿里巴巴极力推广的原因。如果当地已经有了比较成熟的市场和产品，那么选择东高庄模式非常合适，可以快速地和电商平台对接，降低交易成本、让利广大消费者、扩大市场占有率。如果既没有特色产品，又没有成熟市场，那么沙集模式也就可以成为一个有益的借鉴，因为该模式就是一个"无中生有"的模式，但是这需要发现有潜力的领头人，政府能够做的就是优化市场投资环境，加大电商的孵化投入，激发返乡农民工的创业创新潜能。

表5 三类生态五种模式的特征比较

生态类型	模式	路向	优势	劣势	可复制性	电商依赖度	改进方向	类似案例
生产者驱动型	沙集模式	市场自发	市场活力	恶性竞争	强	高	加强引导监管	耿车镇家具
物质（资源）驱动型	中闽弘泰模式	市场自发	统一品牌	农户活力不足	中	中	调动农户积极性	四川青川、河南辉县
	东高庄模式	市场自发	启动迅速	恶性竞争	中	中	加强引导监管	沭阳花木、青岩刘村
能量（外力）驱动型	培斜模式	集体组织	组织程度高	活力不足	低	中高	激发创新活力	
	遂昌模式	政府引导	政府资源	活力不足	中	中高	激发创新活力	武功模式

五、农民工返乡创业生态系统特征、约束及其完善

（一）农民工返乡创业生态系统特征

综合以上案例分析和市场考察，总的来看，互联网+背景下的农民工返乡创业生态系统具有如下特征：

一是高度依赖于电商平台。中国的电商平台建设水平居于世界前列，而且在模式上具有创新。美国最著名的电商Amazon是以自营为主的B2C模式，

其他经营者只是一个供货商而已，没有自主经营权。Ebay则是典型的C2C模式，是一个线上拍卖及购物的平台。而阿里巴巴平台，既有B2B模式（企业对企业，批发），也有B2C（企业对个人，如天猫），也有C2C（个人对个人），创业者可以依据其实力找到一个适合自己创业的平台。其以方便、快捷、优惠、服务完善等多方面优势吸引了广大消费者。农民工返乡创业依托现有的电商平台是一条非常便捷的低成本创业渠道。当然，现在平台之间竞争也很激烈，除了阿里的平台，京东、腾讯的微商之外，还有众多的专业性的平台，如天天果园、蔬果网、中国苗木网等为农民工创业提供了便利。

二是资源禀赋深刻影响创业路径。从以上案例中可以看出，农民工创业先行者或利用自己的经验技能、或利用当地的独特资源、或利用传统市场条件、或依靠政策环境闯出了一条条独具特色的互联网+创业模式，也为后来者提供了镜鉴。这些模式没有最好的，最适合创业者自身条件和需要的就是理想的模式。

三是多元主体之间有机互动。电商平台虽然居于主导地位，但离不开国家基础设施建设的跟进和农民工返乡创业政策的推动，更离不开农民工等创业主体的辛勤经营与开拓，农村店主已成为电商平台上最富活力的生力军之一，他们的努力也成就了电商平台的繁荣。同时，广大消费者对创业者产品的消费并及时反馈意见有助于创业者生产经营水平的提升。整个生态链上的各个部分都积极互动，共同构成了一个富有活力的生态体系。

四是生产者经营方向并不局限于涉农产业。过去我们一般认为农民工返乡创业一定是以农副产品为主的。有些地方的主政者也想当然地将扶持农民工返乡创业的范围定位在农业领域，事实上，据阿里研究院的大数据分析，2015年淘宝村网店销售额最高的商品是服装、家具和鞋。位居前十的并没有农副产品。比如山东曹县大集镇以销售演出服装著称，江苏沙集镇以生产销售各类家具称雄于国内市场。为什么会出现这样的情况，这是与互联网背景下市场的广域性决定的。这就提醒我们应该摆脱思维局限，要对农民工返乡创业的创造性有信心，同时不要干涉农民工创业的经营方向。

（二）农民工返乡创业生态系统主要约束

综合以上典型案例和生态系统的分析，我们认为制约互联网+农民工返乡创业生态发展的主要有以下因素：

一是中西部地区政策环境的不完善抑制了农民工返乡创业热情。从生态系统理论构成可知，基础设施和政策环境构成了生态系统的非物质的环境与能量，其作用至关重要。然而，作为资源丰富的中西部地区，由于这两方面的不足限制了互联网+能量的发挥和创业者积极性的施展。据阿里巴巴发布的中国淘宝村数据显示，截至2016年8月底，在全国共发现1311个淘宝村，分布在18个省市，东部地区占了97.3%，而广大中西部地区仅占2.7%，这无疑与中西部地区资源丰富的地位不相称。[①]中西部地区有大量的农民工在东部沿海打工，他们也不乏创业愿望，根据我们的调研表明，他们主要的担心是办证难和相关部门的吃拿卡要，如果改善家乡的创业环境，吸引他们返乡依托互联网+创业是完全有可能的。

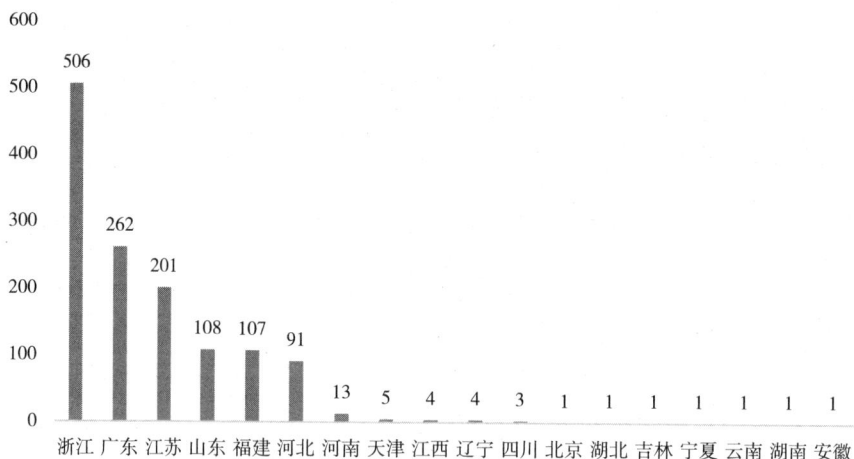

图5　2016年全国淘宝村地理分布

资料来源：阿里研究院、阿里新乡村研究中心，2016年10月。

[①] 阿里研究院、阿里新乡村研究中心：《淘宝村新突破：中国淘宝村研究报告（2016）》。

二是当前电商平台对产品上行与下行重视程度不均衡。当前主流电商如阿里巴巴、京东、苏宁等都加大了对农村市场的投入。阿里巴巴发布了"千县万村"计划，未来3～5年内，阿里巴巴集团将投资100亿元，建立一个覆盖1000个县、10万个行政村的农村电子商务服务体系。阿里将投入人力，物力等资源在选定的县级城市开设县级服务中心站点，由县级服务中心站再去开拓合适的村级服务站。村级服务站由当地村民或合适做村民网购网销服务的店铺来运作。希望打造一个"消费品下乡、农村产品进城"的双向流通体系。①这个出发点是好的，但是从目前的运作情况来看，进展不大，从一些试点站点的运作情况来看，下行（通过平台购物）情况很好，比如2014年"双十一"桐庐农村淘宝网点交上了如下成绩单：5个镇19个村，累计成交1229单，总金额209800元，平均11000元/店，平均客单价171元。但当地农民通过这些站点卖了多少（上行）则没有数据。②这难免让人质疑，这些平台的目的到底是帮助城市向乡村倾销产品还是帮助农民卖产品？

三是中西部基础设施与物流成本抬高了返乡创业者的运营成本。中西部地区的道路、电信服务与沿海发达地区存在较大差距，特别是在物流方面，与沿海发达地区相比，中西部地区的物流成本偏高，在苏浙沪地区，"包邮"服务非常普遍，在中西部地区很难做到，这就削弱了中西部地区电商创业者的竞争力。还有一些快递物流公司基于成本考虑甚至拒绝对偏远农村的服务，没有物流公共服务，农民工返乡创业很难开展，这个问题单靠创业者、电商平台或地方政府很难解决，需要国家层面的通盘考虑。

四是融资困难和经营用地供给不足制约了农民工返乡创业。据内蒙古的一项调研表明，70%的返乡创业农民认为资金筹措困难是制约其创业的首要原因。③农民工自身资金积累有限，返乡创业亟须金融支持，仅仅依靠民间融

① 阿里研究院：《关于阿里巴巴"千县万村"计划》，http://www.aliresearch.com/blog/article/detail/id/20017.html

② 走进桐庐：《探访阿里农村淘宝第一站》，http://www.aliresearch.com/blog/article/detail/id/20018.html

③ 郭慧敏等：《农民工返乡创业遇到的问题及对策》，《2016汇川农民工返乡创业论坛文集》，中国农业出版社，第336页。

资是不够的，需要相关政策驱动正规金融的倾斜。尽管国家相关部门也出台了一些政策，但政策如何尽快落地是当前迫切需要解决的现实问题。还有创业用地问题，用地审批、备案都很困难，规划所需的手续烦琐，这都限制了农民工的创业。

五是一些政府的扶持政策指向性的偏差。扶持政策必须基于政府与市场的定位，市场与政府角色定位不易把握。中共十九大报告指出，要继续发挥市场在资源配置中的决定性作用，也强调政府要"激活市场""守护市场"。但我们从以上案例分析中也可看出，一些地方在"激活市场"上缺乏作为，由于创业环境不友善，抑制了农民工的返乡创业，由于扶持政策不给力，创业成本过高，使得创业者不堪重负。一些地方在"激活市场"上作为过头，代农民工做主，逼迫农民种什么不种什么，又无法负责到底，挫伤了农民的创业热情。在"守护市场"上一些地方要么不作为，要么过度作为，从而出现或过度竞争、违规经营，或监管过严，动辄得咎的问题。还有的政策由于条块分割，很难落实，比如农业部的政策重在扶持涉农创业，但农民工返乡创业往往不一定经营农产品，这就导致无法享受相关政策的问题。

（三）农民工返乡创业生态系统的完善

根据以上特征，对于农民工返乡创业生态系统的完善，重点从以下方面努力：

第一，推进国家相关政策落地，优化农民工返乡政策环境。当前，农民工返乡创业并不缺政策，缺的是如何让政策落地生根。近年来先后发布了《国务院办公厅关于支持农民工等人员返乡创业的意见》《国务院办公厅关于促进农村电子商务加快发展的指导意见》《国务院办公厅关于支持返乡下乡人员创业创新促进农村一二三产业融合发展的意见》，随后农业部、商务部、工商总局等又出台了相关落实文件。然而，这都需要落实到促进农民工返乡创业的具体工作中去，让他们有真正的获得感。我们的调研表明，农民工反映还存在着证照难办、优惠政策难争取、监管不当的问题。因此，当前优化返乡创业政策环境的关键是在县乡层面落实好有关政策。目前，一些中西部地区一些县市非常重视引进大企业、大资本，对草根创业重视程度不够，需要端正认识。

第二，鼓励电商平台深耕中西部农村，实现"销"和"售"均衡发展。从上述案例和淘宝村数据我们可以看出，在中西部地区很少有成功的农民工电商典型，当前电商平台在中西部地区也主要做的是促进农民网上购物的工作。国家有关部门应该鼓励并推动电商平台深耕中西部农村，特别是与精准扶贫结合起来，密切与中西部地区基层政府合作，通过培训、设专馆乃至导流、降低推广费用等方式支持中西部返乡农民工在平台上创业，支持中西部地区的特色产品通过平台进行销售。当然，对于电商平台支持中西部贫困地区的支出国家应该给予税收减免等方面的政策，以实现双赢。

第三，加强中西部地区的基础设施建设，推进邮政普遍服务。推进互联网+农民工返乡创业生态系统建设，基础设施建设是一个重要环节，在道路、仓储、电信、宽带等方面需要加大投入。特别是针对快递不愿进村的问题，邮政部门可以考虑将针对国有邮政企业邮政普遍服务补贴覆盖到民营快递企业，提高民营快递企业的积极性，并加强监管，实现货畅其流，方便农民工创业。

第四，加大金融支持力度，鼓励融资平台服务农村。鼓励有条件的地区通过拓宽社会融资渠道设立农村电子商务发展基金。支持蚂蚁金服、京东金融等积累有信用大数据的互联网平台向符合条件的创业者贷款，并捆绑支持其在电商平台上创业。鼓励新型服务农村的P2P金融平台如PPmoney、翼农贷及传统产业巨头，如新希望企业等支持农民工返乡创业。针对农民缺乏抵押物、没有消费和信贷记录的问题，以加盟商模式（如翼龙贷）、自营放贷模式（沃投资）、供应链金融模式（如农信宝）、土地经营权抵押模式（如聚土网）四种风控思路，化解风险。

第五，发挥基层政府"激活""守护"职能，发挥农民工返乡创业主动性。基层政府应该在农民工返乡创业的经营方向问题上保持开明的态度，尽量不要人为地规定优惠的方向，因为市场的发展往往并不以政府的主观意志为转移，据阿里研究院的报告表明，通过政府力量完全"从无到有"主动创建淘宝村，尚没有成功的案例。政府要做的是尽量优化市场环境，根据创业者的需求提供优质的公共服务。但是，由于市场不是万能的，政府对于农民工不能解决的土地、恶性竞争等问题，需要政府的支持和引导。

参考文献：

[1] 阿里研究院. 中国淘宝村研究报告（2015）[EB/OL]（2015-12-29）[2016-12-23]. http://www.199it.com/archives/423246.html.

[2] 陈恒礼. 中国淘宝第一村 [M]. 南京：江苏人民出版社，2015：48.

[3] 费孝通. 江村经济 [M]. 北京：北京大学出版社，2012：227.

[4] 郭星华，郑日强. 农民工创业：留城还是返乡？——对京粤两地新生代农民工创业地选择倾向的实证研究 [J]. 中州学刊，2013（02）：64-69.

[5] 江立华，陈文超. 返乡农民工创业的实践与追求——基于六省经验资料的分析 [J]. 社会科学研究，2011（03）：91-97.

[6] 施坚雅. 中国农村的市场和社会结构 [M]. 北京：中国社会科学出版社，1998：44.

[7] 唐有财. 从打工到创业：农民工创业的发生学研究 [J]. 人文杂志，2013（08）：105-112.

[8] 王胜，丁忠兵. 农产品电商生态系统——一个理论分析框架 [J]. 中国农村观察，2015（04）：39-48+70+96.

[9] 徐勇. 农民改变中国：基层社会与创造性政治——对农民政治行为经典模式的超越 [J]. 学术月刊，2009，41（05）：5-14.

分报告二：扎根理论视角下的新型职业农民 创业扶持政策创新研究①

——基于典型村庄的调研

新型职业农民是当前我国实现农业现代化的中坚力量，新型职业农民创业是推进乡村振兴的重要举措。在当前国家大力支持创新创业的背景下，政府及相关部门完善新型职业农民创业扶持政策，为扶持创业锦上添花。本报告以新型职业农民为研究对象，针对创业扶持政策在实施中存在的问题，提出扶持政策的创新研究。

一、研究方案与数据收集

（一）扎根理论研究方法

扎根理论是质性研究的一种方法，最早是由哥伦比亚大学的两位学者安塞尔姆·施特劳斯和巴尼·格拉泽在1967年出版的《扎根理论的发现》一书中提出的。扎根理论的研究过程是自下而上的，研究人员在进行研究之前不会做任何假设。他们收集数据，观察和总结概念，之后通过寻找这些概念之间的联系来构建相关的理论。研究人员通过调查获得数据，然后从大量真实数据中提取概念，之后将相似的概念归纳为各个副范畴。通过主范畴的出现，通过逐步比较和归纳，得出核心范畴之间的关系，最终形成相关理论。

本报告采用的是程序化扎根理论的研究方法，图1为扎根理论的研究思路图。

① 本分报告由硕士生赵亚琴执笔。

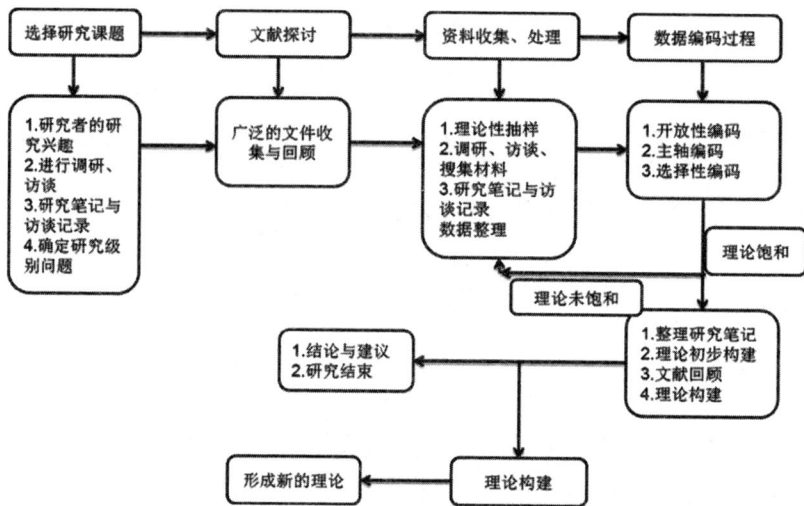

图1 扎根理论研究思路图

本报告研究的创业故事来自操家齐出版的《返乡创业故事：创业铺就脱贫致富路》①一书。研究对象分别来自东部、西部、中部地区的12个省62位新型职业农民创业的故事。其中，东部地区包括山东2位、浙江9位；西部地区包括四川10位、重庆3位、甘肃3位；中部地区包括河南8位、湖北6位、湖南2位、江西4位、山西2位、陕西7位。如图2所示。

人数

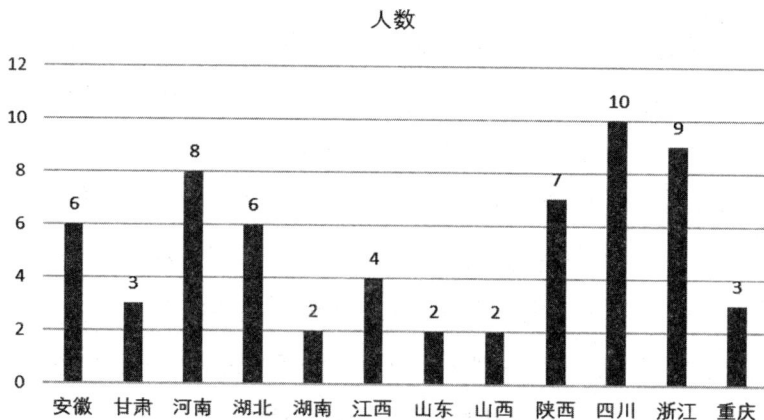

图2 研究对象地区分布情况

① 操家齐.返乡创业故事：创业铺就脱贫致富路[M].北京：中国社会出版社，2020.9

其中新型职业农民的创业项目包含了养殖业、制造业、餐饮业、服务业、互联网行业、批发与零售业、建筑行业以及其他。通过与这61位创业者进行最原始的深度访谈，能更直观地了解到当前创业政策的问题所在。

如下图创业行业分类情况可知，服务业、养殖业、制造业占比最大，种植当前非常流行的互联网行业占比则很小。一般服务业包括旅游服务业、餐饮服务业等；养殖业包括养殖鸡、鸭、鱼、鹅、猪、羊、牛、竹鼠等；种植业包括种植脐橙、花椒、莲藕等。由此可见，返乡创业的新型职业农民大多数是从事较为传统的行业，凭借以往的工作经验或亲朋好友的创业经验，对于当前较热门的"互联网+农业"，则很少有人尝试。当前的新型职业农民仅仅通过互联网联系客户，学习相关知识等，不能做到大数据监控等。

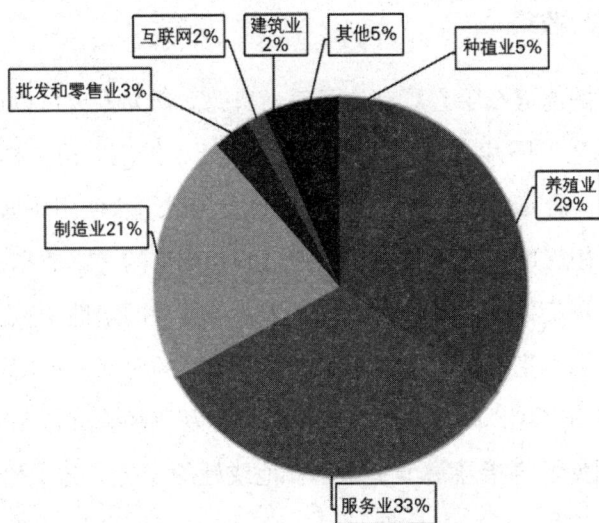

图3 创业行业分类情况

通过对62位新型职业农民的创业经历进行深度访谈得知，创业者的学历分布如图4所示。11%的创业者是小学学历、69%是初中学历、10%是高中学历、10%是大学及以上学历。由此可知，创业者的学历水平普遍不高。这也能解释为什么绝大部分创业者的创业行业都是传统行业，少数是新型行业，因为新型行业对于知识储备的要求比较高，从业者一般都是受过高等教育的。

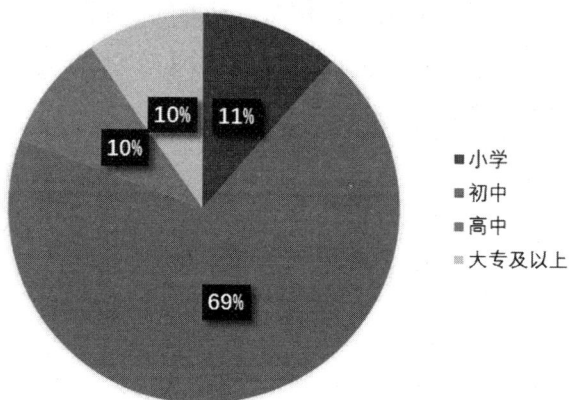

图4　创业者学历分析图

图例：
- 小学
- 初中
- 高中
- 大专及以上

（二）信息收集

质性研究的优势在于它具有许多信息来源。研究人员可以使用访谈、观察、视频、档案、图片、日记、回忆录、报纸、传记、历史档案、自传等。在研究过程中，研究人员可以根据研究问题单独或组合使用数据源。

本报告采用深度访谈来收集扎根理论研究所需的文本数据，而深度访谈也是收集扎根理论数据的方法之一。对于各种类型的定性研究，深度访谈一直是有用的数据收集方法。访谈是非常有方向性的对话；深度访谈是一种解释性提问的有用方法，因为它可以对特定的问题或经验进行深入的询问。深度访谈的深刻见解将指导每个主题解释他或她的经历。为了研究扎根理论，我们应该设计一些广泛的开放性问题。然后专注于面试问题，这可以导致对该问题的详细讨论。通过设计公开和非判断性的问题，鼓励受访者讲出意想不到的故事。

这种深度访谈是一种半结构化的访谈，它可以使访谈的主题更加深入，使受访者摆脱群体压力和思想的影响，并使受访者表达自己更真实的情感。因此，本报告选择半结构化深度访谈。

二、资料的扎根理论研究及政策匹配度分析

（一）资料的扎根理论研究

质性编码，即定义数据内容的过程，是我们分析的第一步。编码意味着把数据片段进行贴标签，并对每个数据片段进行分类、汇总和解释。编码是超越数据的工具陈述、进行分析解释的第一步。我们的目的是进行解释性陈述，这就要从对受访者的生活及逆行编码和说明开始。扎根理论编码是搜集数据和形成解释这些数据的生成理论之间的关键环节。通过编码，可以定义数据中所发生的情况，开始反复思考他们的意义。扎根理论编码包括开放性编码、主轴编码和选择性编码。

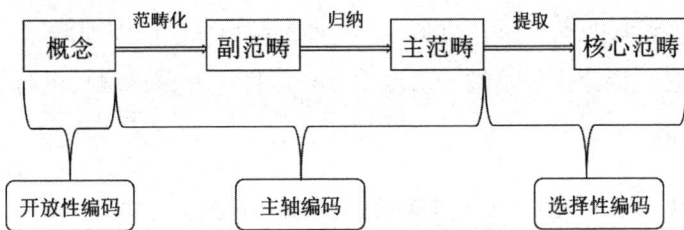

图5 资料的三级编码流程

1.开放性编码

开放性编码指的是将收集的材料逐个标签化，然后把这些标签进行对比归类，将其概念化。即将素材进行分解并归类，并逐层概念化和抽象化，在不断对比的过程中，其概念和素材不断被打破、分类，然后重新组合，最终形成概念。在开放性编码的过程中，尽量搁置个人"意见"及存在的理论对材料进行编码。在经过对原始材料进行逐字逐句概念化之后，本问采用"ax"来标注，"bx"对应素材，最终从62位新型职业农民的访谈材料中提炼出59个概念。其中包括办证要求高、程序复杂、农村基础设施差、反哺家乡、人际关系、缺乏经验、缺乏资金、无法了解政策明细、脱贫攻坚+创业、贷款

额度低、贷款难批、贷款手续复杂、政策没有落实、环保问题难以达标、政府支持能人返乡创业、对于养殖户、有区域限制、异地创业、子女教育是难题、对政策不了解或不关心、政府与创业者沟通不够、销路难、对政策不信任、土地问题、互联网+创业、环保严格、技术缺乏、环保理念、政策受户籍限制、大棚整改问题、土地租赁政策、技术支撑、销路问题、产业扶贫+创业、希望政府补贴农药以及提供相关技术服务、资金支持、减税免税政策、互联网支持、政府引导市场、技术指导+创业、政府支持+创业、异地创业渴望贷款政策、渴望用水政策、政策变化太快、政策不能一刀切，应因地适宜、政策间相互矛盾、政府部门怕承担责任做事踢皮球、政府承诺的补贴没到位、政策宣传不到位、政府的承诺落实不到位、返乡劳动力受限、认为银行贷款风险大、给予资金补助、返乡创业示范县给创业者提供场地的政策、对政策排斥、人际关系的重要性、创业初心、返乡制造业产品附加值低、对贷款存在异样眼光、协会提供培训、对政策存在误区、互联网对传统行业的打击、申请麻烦等。

表1 资料开放性编码：概念化

原始资料内容	概念化	序号
证没办，要把消防搞好了，上面检查通过才给你办证。（办证严格）b1 村上有些家民宿营业执照还没办出来，他们也没有帮助什么的。（办证难）b7	办证要求高，程序复杂。	a1
家人都在县城里面，孩子也好读书，农村基础设施差，子女上学不方便。（农村基础设施差）b8 返乡创业，一方面物流交通受到极大限制，没有一点工业链。（物流限制）b10	农村基础设施差	a2
在一定程度上拉动村子的经济状况（创业者带动家乡经济）b11 下面的养殖户跟着我们养殖，不用操心进货和销售，打药也是我们提供，大家一起赚钱嘛。（带动村民创业）b18	反哺家乡	a3
有一些老朋友帮衬，同行朋友们赶不完的订单会分一些给我。（人际关系带动发展）b19 那时候三伯视野广了，认识的人也多，他的几个买家中，有几个就是制作手套的，是那种布手套。（开阔视野）b26	人际关系	a4

原始资料内容	概念化	序号
刚开始的时候没有经验，真的太难了，说起来都是心疼。（缺乏创业经验）b27 经验没有摸准（缺乏经验）b28	缺乏经验	a5
刚开始的时候资金不足，那阵信用社说贷款只贷得到几百块钱。（缺资金）b29 那当时（确实）不好筹资哇，不是玩得好的铁哥们谁帮你，难搞得很呐。（筹资难）b46	缺乏资金	a6
如果一开始就知道他的条条款款，应该说是比较便捷一点。（无法在创业初期明确了解政策明细）b47 你去办证的时候，去到那个办公室，他会告诉你，这个证办不了，什么条款没做到或是不符合之类的。（政策难以了解）b49	无法了解政策明细	a7
厂子没有独立的销售渠道，工人的工资水平低，工人的劳动力成本被压缩，工厂产业链不完整，产业水平低，产品附加值低。（返乡创业产品附加值低）b206	返乡制造业产品附加值低	a54
银行的钱，不跟他打交道。（似乎是出于某种忌惮）b208	对贷款存在异样眼光	a55
管家培训是有的，招管家的就去参加一些管家培训啊，招管家都是自愿的。（管家培训）b209 我们加入的民宿协会，都会定期举办（管家培训），能报名的都去参加了茶艺师培训。（茶艺培训）b211	协会提供培训	a56
据我了解，那些政策针对的是稍微年长一点的，在外面打了很久的工回来的人政府照顾不了。（对政策存在误区）b212	对政策存在误区	a57
小微企业或者说个体零售户在这样的环境下如何求得生存是值得政府、创业者进一步探讨的。（互联网冲击）b213 因为我们属于汽车装饰，网上也都有，价格也比较透明。互联网的冲击太大了。（线上对线下的冲击）b215	互联网对传统行业的打击	a58
没必要啊，到时候你这个店还得走正规程序，那些下来估计政府给你那钱都不剩个啥了，还不如自己弄。（政策申请麻烦）b216	申请麻烦	a59

2.主轴编码

主轴编码是扎根理论编码的第二个阶段，这些代码要比逐字逐句、逐个事件的编码更具有指向性、更有选择性和概念性。由图表可知，开放性编码是通过对访谈内容逐字逐句进行编码，其初始标签较多且零碎杂乱。不可避免会出现多个标签指向一个范畴的情形，这时就需要对所有标签进行重新归类，也就是范畴化，这样所得的标签意义更加精炼，具有更深的含义。通过上述相同方法将开放性编码进行主轴编码，归纳得出21个副范畴。分别是政策程序复杂、农村基础设施、人际关系、技术、创业资金、脱贫政策+创业、政策落实差、反哺家乡、政策普遍性差、贷款问题、环保补贴问题、政策支持、土地问题、异地政策局限性、创业者政策意识、互联网带动创业、销路问题、政策交叉问题、补贴政策、创业初心、政策变化、创业自身问题。

表2　资料的主轴编码过程：副范畴

序号	副范畴	概念化
A1	政策程序复杂	a1、a11
A2	农村基础设施	a2
A3	人际关系	a4、a52
A4	技术	a5、a24、a29、a37、a32、a56
A5	创业资金	a6、a33、a49
A6	脱贫政策 + 创业	a8、a31
A7	政策落实性差	a12、a17、a18、a44、a45、a46
A8	反哺家乡	a3
A9	政策普遍性差	a7
A10	贷款问题	a9、a10、a48、a59、a55
A11	政府支持	a14、a38、a50
A12	土地问题	a15、a21、a28
A13	异地政策局限性	a16、a26、a39
A14	创业者政策意识	a17、a20、a51、a57
A15	互联网带动创业	a22、a35
A16	销路问题	a19、a30、a36
A17	政策交叉问题	a43
A18	补贴政策	a13、a23、a25、a34、a40
A19	创业初心	a53
A20	政策变化	a27、a41、a42
A21	创业自身问题	a47、a54、a58

通过对副范畴的分析归纳，总结了六个主范畴，主要有：创业积极政策、创业资源政策、个人特质、政策落实、政策差异性、财政政策，分别表示为

B1、B2、B3、B4、B5、B6。这6个范畴可以将原始资料中所有最小单元，编码标签和概念全部结合起来。

创业积极政策（B1）包括脱贫政策+创新（A6）、反哺家乡（A8）、政府支持（A11）、互联网带动创业（A15）、创业初心（A19）。创业积极因素直接影响创业者的创业行为，由于一些创业积极政策的存在，以及创业初心的驱动，是导致创业者创业行为发生的直接影响。

创业资源政策（B2）包括农村基础设施（A2）、技术支撑（A4）、土地问题（A12）、销路问题（A16）。创业资源是支撑创业者创业行为顺利开展的重要因素，创业资源不完善或创业资源缺乏，会导致创业者在创业过程中存在重重困难，所以创业资源政策支持是创业者顺利开展创业行为的基础。

个人特质（B3）包括人际关系（A3）、创业者政策意识（A14）、创业者自身问题（A21）。创业者自身问题也会影响创业者进行创业行为，其中人际关系包括亲朋好友、顾客以及供应商。亲朋好友可带来资金或经验等资源，顾客可对创业者进行免费宣传，节省人力财力，供应商可在某种程度上提供优质资源。创业者政策意识薄弱以及对创业政策的不信任都可错失相关扶持措施。

政策落实（B4）包括政策落实性差（A7）问题，比如政府发布的政策没有及时得到宣传，创业者大部分也不会主动去了解；政府与创业者之间沟通不够，导致创业者在执行相关政策时做很多无用功。

政策制定差异性（B5）政策程序复杂（A1）、政策普遍性差（A9）、异地政策局限性（A13）、政策交叉问题（A17）、政策变化（A20）。比如政策程序复杂，创业者在执行创业行为时需办理相关证件，过程中需要准备太多证明，跑太多部门，在此过程中，没有耐心的创业者可能就会选择放弃。政策的普遍性差存在于相当一部分的创业者无法明确了解政策的具体内容，语言过于专业。异地政策的局限性很大程度阻碍了创业者的创业行为，有的户籍政策导致有可能有好的创业资源也无法进行创业。政策交叉问题会给创业者带来很多麻烦，比如在鼓励创业者进行创业的同时又有一些阻碍政策，比如土地使用政策。还有政策变化太快，一个政策发布没多久又进行修改调整，这样会使创业者做很多无谓的工作。

财政政策（B6）包括创业资金（A5）、贷款问题（A10）、补贴政策（A19）、环保补贴问题（A11）。创业资金是创业者启动创业行为的重要支撑，一般的创业者都缺乏创业资金，渴望资金支持。贷款是解决创业资金最直接的方法，而贷款过程中如贷款金额太少、贷款程序复杂等问题又是阻碍贷款的因素。补贴政策在一定程度上缓解了资金紧张的问题，但是补贴申请过程又是一个阻碍因素，环保补贴问题一方面相关部门对环保查的严，严重者会对其进行相关处罚，会严重影响创业者在创业行为上的顺利进行，而环保补贴问题可大大解决这一问题。

表3　资料的主轴编码过程：主范畴

序号	主范畴	副范畴
B1	创业积极政策	A6 脱贫政策＋创新、A8 反哺家乡、A11 政府支持、A15 互联网带动创业、A19 创业初心
B2	创业资源政策	A2 农村基础设施、A4 技术支撑、A12 土地问题、A16 销路问题
B3	个人特质	A3 人际关系、A14 创业者政策意识、A21 创业者自身问题
B4	政策落实	A7 政策落实性差
B5	政策差异性	A1 政策程序复杂、A9 政策普遍性差、A13 异地政策局限性、A17 政策交叉问题、A20 政策变化
B6	财政政策	A5 创业资金、A10 贷款问题、A18 补贴政策

3.选择性编码

选择性编码是将主轴编码中的主范畴进行归纳，通过选择性的编码来展示概念之间的关联。通过对创业积极政策（B1）、创业资源政策（B2）、个人特质（B3）、政策落实（B4）、政策差异性（B5）以及财政政策（B6），这6个主范畴进行反复归纳，发现这些方面和新型职业农民创业扶持政策相关联，进而提出"新型职业农民创业扶持政策"这一核心范畴。利用"故事主线"确定的核心范畴可以更系统地将其他概念、副范畴、主范畴以及原始材料联系起来，起到提纲挈领的作用，最终可以说明整个研究内涵的解释性框架。关于核心范畴的归纳，一种方法是可以从已经通过编码得到的主范畴中直接选择，另一种方法也可以归纳概括出能表达核心思想的更抽象层次的解释。本研究主要关注的是新型职业农民创业扶持政策的相关内容，所以"新型职业农民创业扶持政策"将作为核心范畴，围绕这一核心范畴再采用"故事主线"方法阐明各主范畴之间以及主范畴与核心范畴之间的逻辑关系。从而构建新型职业农民创业扶持政策的理论模型。从而可以发现创业积极政策、创业资源政策、个人特质、政策落实、政策差异性以及财政政策这六个主范畴与核心范畴密切相关，在核心范畴的直接辐射圈内，但是这几个主要范畴与核心范畴间的相对地位不是完全相等的，但它们都是围绕着核心范畴展开各自活动的一个相互作用的机制。如图6所示，为核心范畴扩散性提取过程。

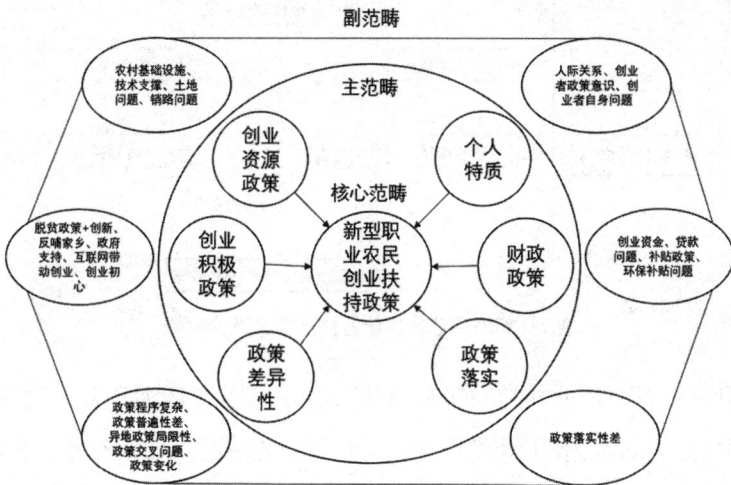

图6　核心范畴扩散性提取过程

（二）理论饱和度检验

根据安塞尔姆·施特劳斯和巴尼·格拉泽提出的扎根理论方法，按照流程对所有原始材料进行了反复的对比和分析，直到无法得出新的范畴，就说明理论达到饱和状态。本研究通过和62位创业者进行深度访谈，获得原始访谈素材，经过对原始访谈素材进行开放式编码，共得出59个概念标签。通过对这59个概念编码进行反复对比，合并筛选，重新组合，归纳得出22个副范畴。然后对这22个副范畴进行主轴编码得出6个核心范畴。最后对这6个主范畴进行选择性编码，得出核心范畴"新型职业农民返乡创业"。

（三）新型职业农民创业扶持政策模型分析

1.新型职业农民创业扶持政策模型构建

基于以上扎根理论的研究得出的结论，了解到新型职业农民创业扶持政策的模型构建，创业者在执行创业行为过程中有两个步骤：创业前期激励阶段、扶持政策阶段。如下图所示：

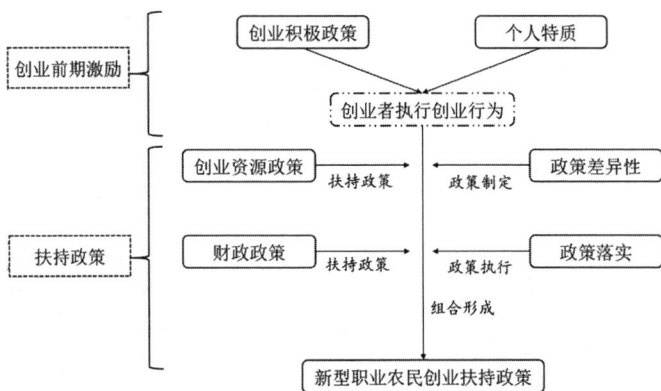

图7　新型职业农民创业扶持政策理论框架

新型职业农民创业扶持政策的故事线如下。首先新型职业农民创业前期的激励作用，包括鼓励新型职业农民创业的相关政策：如扶贫免息贷款政策、发展畜牧专项资金、养殖业的圈造补贴、技术补贴等，这些鼓励政策都会促进新型职业农民创业；创业前期的另一个重要的激励作用就是创业者自身原因：如返乡有归属感、返乡创业有利于照顾家人、返乡创业反哺家乡，带动家乡经济发展等。然后进行创业活动，在创业过程中，首先的难题就是资金问题、技术问题，从而诱发的政策问题就是贷款问题、技术支撑，本报告的新型职业农民进行的创业项目多数为养殖业、种植业和制造业。这些行业一个很大的需求就是场地，从而诱发的扶持政策就是土地问题；还有在创业过程中存在的公共设施不齐全导致的创业过程不顺利的问题，这也引发相关创业资源支持的政策问题；最后就是很多国家以及省市扶持政策的落实情况，以及创业者自身对政策的敏感度，导致创业者在创业过程中错失很多政策补贴机会。

至此，形成整个新型职业农民创业过程的故事线，由此引发的新型职业农民创业扶持政策相关问题。

2.新型职业农民创业扶持政策模型解析

（1）创业前期激励阶段

任何创业行为都是自愿行为，这些自愿行为都需要一些激励因素的支撑，比如创业积极政策的支撑。例如湖北省麻城市福田河镇三里畈村的新型职业农民在养猪的创业过程中，缺乏创业启动资金，通过小额信贷扶贫资金政策获得了五万元的贷款，访谈如下：

访谈员：那您建厂的10万块钱是怎么拿出来的？

受访者20[1]：平日里省出来的，还有借来的。

访谈员：这样的情况不是可以找村里帮忙贷款吗？

受访者20：无息贷了5万块，两年之后要还的。

"小额信贷扶持资金"是为精准扶贫户提供的，不需要提供抵押，需要由村里上报，之后信用社审核信用情况。

湖北省麻城市黄土岗镇堰头垸村的新型职业农民在养殖牛羊过程中，缺少启动资金，在银行贷款过程获得精准扶贫贴息政策，访谈如下：

访谈员：那您当时的资金全部都是自己的吗？

受访者21：不，是银行贷款。

访谈员：不需要什么做抵押吧？

受访者21：最开始的时候不需要抵押，但现在是房产抵押。

访谈员：利息高吗？

受访者21：原来的利息很高，最多达到一分多。利息好高呀，比如贷5万块

---

[1]　此编号根据附件A创业者统计表序号顺序。

钱一年就有六七千的利息。但是最近一年搞精准扶贫后利息就低了好多，国家要贴息，好像要贴70%。一分好像要贴七厘，自己只承担三厘。

返乡创业的新型职业农民的创业初心是照顾家人和反哺家乡。62位创业者，其中有10位创业者返乡创业的初心是照顾家人或希望离家近。这种初心也是促进创业者返乡的激励因素，比如河南省商丘市柘城县岗王镇门楼王村的一位女厂长，把服装加工厂开回村里，原本在大城市有着很好的工作，可是由于家里有老人小孩，最后不得已返乡创业，不仅创业成功，还为家乡妇女提供了就业机会。访谈如下：

访谈员：那为什么选择回家创业呢？

受访者15：出去这么多年，家里小孩也大了，老人也老了，再出去不方便，所以就只能想着回家工作。然后我一想，跟我一样在家带孩子看老人的女人有很多，为什么不在家里开个小厂子，也给家里的女人一个就业机会，这样既可以带小孩，又可以赚点零花钱贴补家用。

本报告的研究对象中，也有在城市发展成功之后，反哺家乡，为家乡带来经济效益的。四川省简阳市禾丰镇丙灵村的徐刚，原本在沿海城市事业有成，担任公式总经理。可是由于自幼父母双亡，从小在村里左邻右舍帮助了不少，一直心怀感恩的徐刚见自己的家乡还是贫困村，怀着感恩家乡的心返乡创业，带动家乡父老乡亲就业，提高经济收益，最后摘掉贫困村的帽子。访谈如下：

访谈者：首先想请问一下，您当初为什么想要回来创业呢？据我了解，您当时在浦江有一个包装印刷厂，您却放弃了？

受访者45：原因很复杂，你们应该看过我的类似报道，那你们应该知道，我有一些不平凡的经历，当时多亏了我的乡亲们，所以回来创业最主要是想报答他们。我不知道自己能不能成功，也不知道自己能做到哪一步，但是我倾尽所有，就想问心无愧。当时对我的团队也是这样说的。像我这种经历过的人，只想用实际行动去证明，也不想过多解释什么。

（2）创业者自身问题

第一，创业者对政府和政策有偏见。

返乡创业的新型职业农民中，分为两类：一类是受过高等教育的第二代农民，他们对于国家或省市出台的创业扶持政策比较了解也比较关心；另一类就是没有受过高等教育，返乡创业的第一代农民。这一类新型职业农民内心对政府和政策的态度存在偏见，首先，他们对政府存在偏见，一方面认为政府是无所不管、无所不能的，有困难就应该找政府；另一方面又对政府存在不信任，认为政府才是受益方，自身却是承担风险的一方。他们会普遍认为政府不会把农民工的相关利益放在首位，而会把自身的利益放在第一位。其次，他们对创业扶持政策有偏见。创业农民工认为，创业扶持政策会给创业过程带来便利，而不是成为创业路上的绊脚石。而创业者在申请扶持政策带来的优惠时，程序复杂，准备资料多、部门繁多且相关部门之间联动性差，导致创业者对于政策产生怀疑，没有带来优惠的同时给自己找了很多不必要的麻烦，会认为政策的初心不是来服务于人民的，到最后不关心或者不想去了解政策。

河南省南阳市唐河县源潭镇袁楼村的创业者认为，创业扶持政策只有大规模创业项目才有资格申请，小规模不在扶持范围内。访谈如下：

访谈员：您听说过其他的关于咱农民创业的资助政策吗？

受访者14：没有，咱就是没事做找个营生，别的也没怎么了解过，而且我这个羊圈规模小，谈不上什么政策。

第二，人际关系的影响。

根据实地调研访谈可知，12位创业者认为人际关系很重要，其中包括供应商、顾客、亲朋好友和员工，对于制造业、养殖业、种植业等相关实体性创业行业，人际关系就显得尤为重要。在创业初期出现资金困难时可寻求亲朋好友帮助，与供应商建立良好的关系可在某种程度上利用其资源；与顾客建立良好的关系可为产业打开销路。人际关系可以为创业者带来投资、销路、技术等，这些都是创业者成功关键的要素。

其中浙江省衢州市石梁镇黄茶村的沈先生在第一次创业时，就是通过之前积累的人脉，由原公司老板提供创业资金，还亲自带领联系供应商，为创业过程提供了很多便利。访谈如下：

访谈员：沈叔叔您好！能分享一下您创业的过程吗？

受访者57：我初中毕业就出去了，十七岁自己一个人出去的。上了一年班后回来又到学校里读书，学了机电一体化。学完之后又出去打了大概十个月左右的工，在温州。回来之后发现做技术没有做管理好，所以又继续读了工商管理。读了半年多的工商管理后在1999年又去了宁波，去了以后就是帮一个老板打了两年零十个月的工，做化妆品代理这一块。前面四个月我的业绩什么都没有做出来，到第五个月开始我保持了两年零五个月公司里面的第一名。然后我在那个时候突然想自己弄个品牌做一下，有一天老板请我吃夜宵时我跟他讲了这个想法。他问我，你自己有这个想法，但是有没有钱做呢？我说我在你这里上班的时候拿两万块钱一个月，基本上吃光用光的啊。然后他接着问我那你打算怎么做，我说我打算回家借一点，弄一个办公室和小仓库。老板听了觉得不可行，因为他在这个行业已经做了十多年了。然后他就给了我一张银行卡，里面五十万他自己的私房钱。这就是他给我的人生第一笔启动资金，他是我人生中的第一个贵人。我第二天就拿去注册了，时间是2001年的11月。公司注册好之后我这个老板带着我到广州的厂家那边去进货，继续做美容美发的代理工作。我在宁波那里一做就是十一年。

陕西省榆林市横山区马坊村的创业者，在养鸡的过程中，销路方面就依靠了人脉关系，相互介绍，打开销路。在销售鸡的过程中，鸡蛋也打开了销路。访谈如下：

访谈员：现在鸡蛋都咋卖？

受访员40：别人来了拉走或者我们出去卖。

访谈员：那有没有固定的客户？

受访员40：固定的就是一直来拉（货）的那种。

访谈员：那都是怎么联系的？

受访员40：就打电话。

访谈员：（客户）是怎么知道的？

受访员40：一个人跟一个人介绍，相互介绍，熟人推荐。

（3）政策制定的差异性

第一，政策供给与创业者需求错位。

政府制定了很多农民工返乡创业的优惠政策，可是很多政策供给与农民工的需求吻合度不高。比如政府提供的相关政策并不是农民工需要的，而农民工需要的政府又提供不了，导致农民工只能自己想办法；比如对于农民工创业培训，没有根据创业者需求来进行，导致很多所需技术只能创业者自行通过商业渠道解决。

另外国家制定的创业政策主要侧重于返乡人群，对于户籍有一定的限制，对于现实来说大部分新型职业农民选择异地创业。据统计，60%的新型职业农民选择异地创业，导致他们无法享受国家制定的农民工返乡创业的优惠政策。

本报告研究的62位新型职业农民，在创业过程中遇到政策户籍限制的有3位，其中包括创业扶持补贴申请因不是当地户籍，所以无法享受。比如湖北省麻城市福田河镇三里畈村的创业者，在申请创业扶持补贴的过程中因受户籍限制，导致最后没有享受扶持政策。访谈如下：

访谈员：那您是否了解村里对于创业有没有什么扶持政策？

受访者19：政策上基本没有扶持，因为申请的话需要找村里要这手续、那手续，还只限制在福田河镇使用。

重庆市云阳县人和街道民权村的创业者由于在外省创业，小孩上学问题受到户籍限制，无法参加当地高考。

访谈员：像你们在外地创业，在这些年创业的过程中，对于政府有什么期待吗？或者希望政府未来在哪些方面可以提供更多帮助？

受访者60：一是资金方面，不管是当地还是外省，创业能不能有一些落实下来的资金支持？二是小孩读书的问题，外省学生不能参加当地高考，就算在外面读书，最后高考必须回到户口所在地，小孩很折腾。

第二，政策协同性差。

政策协同性不足主要体现在不同部门站在不同立场上对扶持农民工创业的态度不同。比如在土地问题上耕地保护政策和创业用地占用之间的矛盾日益突出。新型职业农民返乡创业必定占用土地，但手续难批，最终很多面临成为违章建筑被拆，而被拆创业者后续安顿缺失，使其被迫面临长期停业状态。政府一方面鼓励农民工返乡创业，另一方面又重重阻难，导致创业者很难进行创业。

另一个政策的连续性协同性不足，政策变化过快，或政府政策出现碎片化特征。比如一刀切的现象，不能因地制宜、协同发展。比如四川省绵阳市北川羌族自治县马槽乡明头村的创业者，在办酒厂的过程中，当地政府需要收取押金，以免后续环保不达标，环保部门可用押金替创业者做环保整治。政府可能前一段时间提倡一、二、三产业融合，支持新型职业农民返乡创业办农家乐，可是后来又进行大棚整治，就会出现原来政策提倡的最后可能会成为问题的关键所在。

如浙江省衢州市平原村创业者在生产过程中占用了其他土地，但是由于工厂扩建手续难以通过审批，导致最后成为违章建筑。

访谈员：这算是违章建筑所以才拆掉的嘛，因为我也有了解到就浙江这边前几年，因为什么危房的原因导致违章建筑拆得比较多。

受访者55：这应该也不算是违章建筑，当初每年都有审批过的，都是一年一年把钱交到村小店的那个书记那里去。只是后来相关部门又没有来收钱了，我也不知道怎么回事，也就没有太留意。后来突然上面的相关部门就说要来把我的加工木制品的厂房拆掉。假如没有经过审批被拆掉，我肯定是心甘情愿的。但是呀，我这当时真的一年一年都审批过，当时镇里相关部门都还是帮着我的，当时的部门领导说了，这一年一年钱交上去审批过去就可以了，这个用地会变成长期的。我当时在村里乡里也是小有名气的，去签个字啊什么的镇里都是知道的，都是马上审批的。当时的审批呀什么的都很快。也就是那时候我做生意的资金慢慢地积累起来，生意不断地扩大。现在没做生意了，实实在在的是因为这个厂房的原因。想想政府这样大规模地拆临时建筑，真的使很多工厂的生产都受到了影响。

河南省南阳市唐河县源潭镇袁楼村的创业者在养殖羊的过程中建设了羊圈，而政府相关部门只是一味地说建筑属于违规行为，需要罚钱而没有提供解决方案。访谈如下：

访谈员：刚开始的时候应该会有一些困难吧？

受访者14：肯定有啊，刚开始的时候镇上有关单位来调查我的羊圈，说建羊圈是违规行为，需要罚钱，我没交罚款，后来是找了一个亲戚去镇上说明了情况，这个事才不了了之了。

访谈员：这些问题可以找村支书进行调解吧？

受访员14：找过了，不管用，解决不了。

（4）政策落实性差

首先，政策宣传力度不够。

政府每年都会出台许多扶持农民工返乡创业的优惠政策。根据对62为新型职业农民的调查访谈，有23位创业者对政策是处于"不了解"和"不太了解"的阶段，还有一部分对创业扶持政策有一点了解，但由于申请手续复杂，或审批难，导致在创业过程不能及时享受其优惠政策。政策自上而下逐级"打折扣"，比如县政府也会制定相关扶持政策，乡镇的干部也许还比较了解相关政策条文，可是到了村了，要么就是不知道，要么就是太忙没有落实。还有很大一部分新型职业农民对于政策中涉及的专业术语很难懂，使得农民工对于政策的知晓度更打了折扣。

河南省南阳市唐河县源潭镇袁楼村的养殖户在创业过程中反映政策比较闭塞，创业者无法了解到，访谈如下：

访谈员：嗯，确实是这样，虽然国家也有一些扶持的政策，但是我们这边申请好像不是太容易。

受访者13：谁说不是啊，咱们这儿信息闭塞，很多东西咱都了解不到，没办法。

其次，政策执行力差。

政策出台以后，政策执行却限于形式，使出台的优惠政策成为一纸空文。政府在出台相关政策之后，其下级政府部门并没有按照要求执行和监督政策实施，且存在政府部门办事效率不高，部门与部门之间存在踢皮球的现象。政府部门并没有正确的定位，缺乏为民服务意识，甚至出现态度恶劣的情形。让创业者潜意识中认为政策实施难，导致最后根本不关心政策。

本报告研究对象、安徽省合肥市严店乡三联村创业者把手套厂搬回村里，在证件办理的过程中，辗转多个机构，且时间过长，甚至有部门会因为莫须有原因为难办理者，缺乏服务意识，也没有把政策的受益者作为主体。

受访者4：说到证件办理，那是非常的麻烦。一个证件办理，来来回回要好几趟，证件办理没有为创业者提供便利，反而成为创业路上的一个拦路虎。这个机构办好，又要去另一个机构，而且中间等待的时间非常长，甚至有的机构以莫须有的理由来为难办理者，最终才会勉勉强强地给你办理。

安徽省安庆市望江县的创业者在开办包子铺的时候，办理证件的过程中程序复杂且办理者速度过慢，需不断催促。访谈如下：

访谈者：之前您说办证困难，能再说具体点吗？

受访者3：局里人来店里查，查过后才给盖章，然后你要一个一个部门地跑，催着他们办理，不然他们办得非常慢。

（5）财政政策

第一，贷款程序复杂，额度低。

对于创业者来说，资金是首要难题，本报告所研究的新型职业农民中，有31位创业者存在创业资金困难。而对于创业者来说，解决资金问题的第一渠道是向亲朋好友借，只有少部分会通过贷款的渠道获得。根据调研情况可知，普遍认为在贷款过程中，程序复杂，需要证明多，银行贷款需要不动产做抵押才可以，且需要去不同部门盖章，最后也不一定能成功。贷款程序复杂的同时，贷款额度还低，导致一部分创业者知道有政策也不想享受。

重庆市云阳县人和街道民权村在外地开面房的创业者就说出了自己在贷

款方面的苦衷，访谈如下：

访谈员：那你们最开始搞面房，本钱怎么来的？

受访者39：自己借啊，亲朋好友，不够的也借了一些利息钱。

访谈员：银行贷款呢？

受访者39（摇摇头）：这些我们怎么可能贷，要抵押又要各种手续，我们哪懂这些？我们差钱基本都是民间借贷，给些利息。

第二，税收负担重。

对于返乡创业的农民工来说，收入本身就是不确定的，会受到各种因素的影响。减少税收会大大减少创业者的负担。在实地访谈中发现，创业者在创业初期依旧会缴纳各种税费，而对于创业初期的创业者来说，资金缺乏本就是创业过程中一个很大的难题，加上不同税费，会让创业者雪上加霜。本报告的研究更多地希望在环保治理上政府能给予补贴。

陕西省吴堡县的煤炭老板在创业过程中提出希望减轻税费，访谈如下：

访谈员：你觉得现在行情怎么样呢？

受访者37：总体来说不太稳定，老有政府部门下来检查，什么环保的检查，然后这个生意就做不成。

访谈员：那您觉得自己的项目要进一步发展的话，需要政府提供什么样的支持呢？

受访者37：就是希望政府可以减轻这个税费的负担，然后就是在经济上给予一些支持。

（6）创业资源支撑

第一，公共基础设施建设。

农村相对于城市来说，基础设施建设相对落后，而影响新型职业农民返乡创业的一个重要因素就是农村基础设施太差。其中包括道路建设、水电气设施、通信网络、治安环境、子女教育、医疗设施、文化服务、污水排放等相关设施不完善等问题。农村公共设施的不完备导致发展农产品加工、乡村旅游和休闲农业等二、三产业支撑不够。大部分农村偏远地区缺乏垃圾处理设施，随着第二、三产业的发展，尤其是第三产业的发展，生活垃圾、污水等增加，可能会破坏自然生态环境。安徽省宿迁市萧县石林乡朱大楼村的创业者，同时在本地和外地都有创业项目，对创业环境有一些相对客观看法，访谈如下：

访谈员：那您比较看好返乡创业还是在外创业呢？

受访者6：各有各的优势。在外创业呢，业务和物流方面比较方便，包括各种信息条件还是比返乡创业好一点。返乡创业的话，一方面物流交通受到极大限制，只能做一些加工业、手工业。因为在我们这里农村，没有一点工业链。比如制造业，在老家买个螺丝可能都要到市里去买，如果是在我们那个工业区（广东），转一圈要什么都能买到。

重庆云阳县人和街道民权村年轻的红糖厂创业者，在种植甘蔗时，基础设施不够完善，自掏腰包修建，访谈如下：

访谈员：可咱们这个村红糖都是特色，你们办得这么好，村里没有其他支持吗？

受访者62：现在还是支持，自己折腾的时候（他摇了摇头），还是自力更生。（这时候她妈妈插话，以下是她妈妈的话）不容易啊，去年大雨，你看这个大坝，都是后来自己修的，那时候这些全冲走了，那个电线杆都倒了，打电话给政府的，都拖着，谁来修啊？拖着这个生产怎么办啊，还不是自己弄，自己出钱搞，花的都有一二十万，后来也没什么补偿。

第二，用地困难。

根据调查显示，返乡创业者大部分从事养殖业、种植业、制造业等，这些创业项目都需要占用土地，而创业场地对于创业者来说就是基础保障。从调研访谈中得知有些创业者土地审批不下来，就直接租赁民用房或在自家住房门前建筑移动板房，经常会被安监部门以建筑不达标等理由进行处罚，最后致使创业者停止创业。

本报告研究对象、四川省绵阳北羌族自治县马槽乡明头村创业者在进行蔬菜加工的创业过程中，由于要搭建厂房，而土地一时半会也申请不下来，创业者的积极性因为重重困难而受到打击。访谈如下：

受访者44：地要去批，批了我们就建厂房。

访谈员：地现在批下来了吗？

受访者44：没有嘛。现在国家土地管得紧。虽然说国家鼓励开荒地，如果说你要把荒地用来建厂房，这个是没得问题的，这个是有优惠的嘛，这个没有一点问题。但是关键是荒地都是陡坡坡陡崖崖，你（代指男主人方）咋个（怎么）去建厂房，建厂必须要平地，你（代指男主人方）总不可能去把那些山坡坡山梁梁弄平嘛，这个造价太大了。地方这些（图像）都是上了卫星的，假如说你（代指男主人方）要批耕地，必须要由国土局来给你搞个规划嘛，规划他必须要打个图纸，一打图纸卫星马上就给你监控了。

访谈员：他是指定你用哪一块耕地吗？

受访者44：是我们想用哪一块耕地，要让他批，就看他批不批。

访谈员：那现在是要批只是时间很长吗？

受访者44：不是要批，应该是正儿八经的文件，国家规定的文件它就是不给批，所有耕地它就是不准占用。包括你这种住房都不准占用耕地的面积。

访谈员：那如果是自家的耕地可以直接建吗？

受访者44：不管是哪个（谁）的（都不可以建）。我跟你说嘛，现在不管是自家建厂房也好，修猪圈也好，修牛圈也好，不管是我占用我自己的耕地，还是别人的耕地，如果别人修猪圈修牛圈都可以批下来，我们占用的这个你（代指国土局）为啥子（为什么）批不下来。如果批不下来我就直接可以说是有问题的。

访谈员：那现在就是说，国家要发展建厂房和要占耕地是矛盾的。

第三，缺乏技术支撑。

面对日益激烈的市场竞争和不断变化的市场需求，新型职业农民由于自身条件的限制，很难及时准确地把握市场需求，做出正确的决策判断。尤其是面对当前科技市场的发达，更让创业者摸不着头脑，互联网的兴起让返乡创业的农民工一时手足无措。"互联网+农业"的方式也越来越流行，而互联网相关知识技能是返乡创业的新型职业农民所缺乏的。还有就是对于创业项目没有一个系统的培训，很多时候只能靠自己摸索，致使走很多弯路。以上扎根理论研究显示，大部分创业者在创业过程中主要倾向于自己掌握的专业技术或者业余尝试满足于创业资源需求。缺少系统学习和专业技能培训。

甘肃省天水市花椒种植户在种植花椒过程中，由于缺乏种植技术，导致最后花椒树都死了，造成了经济损失。访谈如下：

访谈员：如果真的种花椒，您希望政府能提供些什么帮助呢？

受访者8：就是补贴化肥、农药，如果能提供相关方面的技术就更好了。比如，怎么修剪，打农药的时间。我们农民只知道种，但是这些树有时候很娇嫩，照顾不好就死了，我家前几年种了两亩花椒树，结果刚开始摘花椒就死了，盛果期摘了两三年不到（说起这些来，他满脸的懊悔，就像犯了错的孩子一样）。就是因为我不懂修剪，结果那一年花椒树被黄蜂咬得树干流水，那一年损失了差不多一半的树。

河南省商丘市柘城县岗王镇门楼王村的创业者，在养鸡的过程中，由于缺乏技术支撑，导致造成了很大损失。访谈如下：

访谈员：那这个过程中有什么困难吗？

受访者16：那肯定有了，刚开始的时候没有经验，真的太难了，说起来都是心疼。一开始吧，我们刚开始接触养鸡，就在玉米地里干起了立体化养鸡。9月份出栏，去卖觉得利润还可以，还想继续养殖。可是后来不久，就开始暴发禽流感了，我家的鸡也都得病了，没有办法治，一只传染一只，我们只能看着，啥也做不了。想要隔离都不行，扩散得很快，大片大片的鸡都死了，就开始亏了。

第四，产品销路差。

在养殖业、种植业、制造业等创业行业中，大部分创业者所担心的就是产品销路问题，解决了产的问题之后就担心销路有限。从调研访谈中可知，大部分创业者担心产品卖不出去，希望政府提供销路。

本报告研究对象、湖北省麻城市福田河镇三里畈村的新型职业农民，在种植莲藕的过程中，产量得到保障，可是卖不出去，最后导致莲藕都腐烂在地里。访谈如下：

受访者18：我们这个地方不适合种藕，销路不好。

访谈员：你们有没有想其他的方法扩大销路？比如说拉出去卖。

受访者18：想了，天天开着车子拉到福田河镇、黄土岗镇上卖，卖不动（卖不出去）。

访谈员：那是卖得贵了还是什么原因？

受访者18：不是贵了，外面运进来的藕经过一种化学药水浸了，颜色要白些，好看些，我们在田里种的藕颜色偏黄，味道是一样的。

访谈员：你们觉得这个政策如果是改进下，可以怎么改进呢？

受访者18：扩大下销路，这样我们就可以继续种。

（四）现有扶持政策及其匹配度分析

1.新型职业农民创业政策需求

表4　创业政策需求占比

序号	政策需求	频数	占比
1	创业资金	31	50.0%
2	补贴政策	25	40.3%
3	贷款问题	18	29.0%
4	土地问题	15	24.2%
5	技术问题	13	21.0%
6	销路问题	12	19.4%
7	公共设施	10	16.1%

通过对62位创业者的访谈进行扎根理论分析可知，新型职业农民在创业过程中，政策需求最高的是对创业资金的需求。62位创业者，其中有31位、50%的创业者缺少创业启动资金或者创业建设资金。有25位、40.3%的创业者渴望政府补贴政策，比如对于养殖业来说环保管理严格，需要耗费大量资金用于环保治理上，创业者希望有环保补贴，这样就不会存在创业者不愿意担

负高额环保资金，导致被相关监管部门查处，轻者缴纳罚金，严重的还要停业整改。有18位创业者在贷款上出现问题，程序复杂，材料过多，需要相关抵押，额度低等。贷款程序便利性为创业者在贷款过程中发挥很大作用。15位新型职业农民在创业过程中，缺乏土地资源，其中包括养殖户缺乏养殖场所、种植户缺乏种植地，以及小型制造厂无法获得盖厂房的审批。有13位新型职业农民在创业过程中缺少技术支撑，导致在创业过程中存在由于技术不到位导致的损失。有12位新型职业农民创业过程中需要提供销路的支持，创业者生产出的产品，或者养殖的家禽，或者种植的作物，因为卖不出去，导致最后遭受经济损失。还有10位新型职业农民在返乡创业的过程中对家乡的公共设施提出需要改善，比如物流不到位，水、电设施不到位，道路交通不便利，都会导致创业者在创业过程中存在困难。

2.现有扶持政策供给

（1）国家层面

近年来新型职业农民返乡创业规模不断扩大，预计2020年返乡创业人员有1010万人，比上年增加160多万人，首次超过1000万人，带动新农村就业岗位超过1000万个。中央政府审时度势，结合我国当前农业发展实际情况，出台了一系列相关扶持政策，进一步加强新型职业农民返乡创业的主体意识。如表5所示，从2008年返乡创业潮以来，国家出台了一系列创业扶持政策。

表5　国家创业扶持政策

颁布时间	文件名称	具体措施
2008 年 9 月	《关于促进以创业带动就业工作指导意见的通知》	放宽创业者市场准入条件，开展创业"绿色通道"，首次注册登记的创业者，免除 3 年相关行政事业性收费。
2008 年 10 月	《中共中央关于推进农村改革发展若干重大问题的决定》	落实税收优惠政策、小额担保贷款政策、资金补贴政策以及场地安排等政策扶持。
2008 年 12 月	《关于切实做好当前农民工工作的通知》	大力做好农民工返乡创业的金融服务工作，鼓励引导金融机构加大信贷扶持力度。

颁布时间	文件名称	具体措施
2009 年 1 月	《关于 2009 年促进农业稳定发展农民持续增收的若干意见》	加强落实创业相关扶持政策，跟进贷款发放，税收减免，还有工商登记和信息咨询等各个方面提供可靠支持。
2009 年 2 月	《关于做好当前经济形势下就业工作的通知》	按照规定完善创业者市场准入等相关创业扶持工作，免费就业服务，加强职业培训补贴的落实。
2010 年 1 月	《关于加大统筹城乡发展力度进一步夯实农业农村发展基础的若干意见》	要继续发展用创业来解决闲置劳动力问题的政策，大力扶持返乡农民工就地创业。
2011 年 1 月	《关于加快水利改革发展的决定》	加快农村水利工程，和各项基础设施改革，促进农村发展，完善农民工返乡创业环境。
2013 年 1 月	《关于加快发展现代农业进一步增强农村发展活力的若干意见》	大力培育新型农民职业人才，制定对口培育计划，对政策符合条件的返乡农民工创业给予相关支持。
2014 年 2 月	《关于全面深化农村改革加快推进农业现代化的若干意见》	巩固农村生态环境保护加强土地改革，加快农村地区经济发展，鼓励农民工返乡创业。
2015 年 3 月	《关于支持农民工等人员返乡创业的意见》	引导懂技术和有充足资金的农民工返乡创业，实施减税或者降费政策。
2015 年 5 月	《关于进一步做好新形势下就业创业工作的意见》	顺应大众创业、万众创新政策，积极鼓励创业带动就业。
2015 年 12 月	《关于结合新型城镇化开展支持的通知》	加强创业硬件环境设施建设，完善创业体制机制。做好农民工等人员返乡创业试点工作，对于可复制、可推广的实践经验加以宣传。
2016 年 6 月	《关于实施农民工等人员返乡创业培训五年行动计划（2016—2020 年）的通知》	将创业培训，创业教育，资格考评，试创业，创业帮扶和成效进行组合，加强政府与社会组织的合作。
2016 年 11 月	《关于支持返乡下乡人员创业创新促进农村一二三产业融合发展的意见》	简化市场准入规则，加大创业金融扶持，加强财政扶持作用，完善社保等方面扶持返乡人员发展。
2017 年 2 月	《关于深入推进农业供给侧结构性改革加快培育农业农村发展新动能的若干意见》	保障农民工各项合法权益，从多渠道促进农民工就业，鼓励各类人才回乡创业，带动农村经济发展。
2018 年 1 月	《关于实施乡村振兴战略的意见》	大力培育新型职业农民新主体，扶持小农户，农村发展新动能。

续表

颁布时间	文件名称	具体措施
2019 年 2 月	《关于坚持农业农村优先发展做好"三农"工作的若干意见》	大力鼓励乡镇建立就业创业引导基金，加快解决用地难、信贷难等问题。
2020 年 2 月	《关于抓好"三农"领域重点工作确保如期实现全面小康的意见》	培育家庭农场、农民合作社等新型农业经营主体，培育农业产业化联合体。
2021 年 2 月	《中共中央国务院关于全面推进乡村振兴加快农业农村现代化的意见》	发展农村数字普惠金融，开展农户小额信用贷款、增加首贷、信用贷、保单质押贷款、农机具和大棚设施抵押贷款业务。

（2）省级层面

为了积极响应党中央提出的扶持农民工返乡创业的号召，各省也相应出台了一系列扶持新型职业农民返乡创业的政策。以下是相关省级政策。

表6　各省级创业扶持政策

省市	时间	文件名称	具体措施
安徽省	2015	《安徽省人民政府办公厅关于支持农民工等人员返乡创业的实施意见》	鼓励相关人员返乡进行创业活动，加强创业扶持政策力度，鼓励支持农村电子商务发展带动返乡创业。
安徽省	2016	《安徽省人民政府办公厅关于全面推进大众创业万众创新的实施意见》	大力发展第三方专业化的服务，优化创业环境，不断丰富和完善创业支持力度。
湖北省	2016	《省人民政府办公厅关于支持农民工等返乡创业的实施意见》	依托当前精准扶贫政策，产业转型和产业融合，加强新型农业经营主体带动返乡创业。
湖北省	2017	《省人民政府办公厅关于大力支持返乡下乡人员创业创新促进农村一二三产业融合发展的实施意见》	建设"三区三园一体"：加快建设粮食生产功能区、重要农产品生产保护区、特色农产品优势区、现代农业产业园、农业科技园、创业创新园、田园综合体。
四川省	2015	《四川省人民政府办公厅关于支持农民工和农民企业家返乡创业的实施意见》	支持农民工和农民企业家发挥既熟悉外地市场又熟悉家乡资源的优势，借力"互联网+"信息技术发展现代商业，实现本地产品与外地市场对接。
四川省	2017	《四川省人民政府办公厅关于支持返乡下乡人员创业创新促进农村一二三产业融合发展的实施意见》	完善用地用电支持措施，加强对创业硬件设施的建设。

省市	时间	文件名称	具体措施
河南省	2016	《河南省人民政府办公厅关于支持农民工返乡创业的实施意见》	建立多层次、多样化农民工返乡创业格局。创业人员可享受特殊优惠，盘活农村用地，通过创业来实现共同致富。
	2017	《关于支持返乡下乡人员创业创新促进农村一二三产业融合发展的实施意见》	鼓励和引导返乡下乡人员以农牧（农林、农渔）结合、循环发展为导向，种植苜蓿和青贮玉米等饲草料，推广稻鱼共生、鱼菜共生、林下经济等模式，发展种养结合循环农业。
湖南省	2015	《湖南省人民政府办公厅关于支持农民工等人员返乡创业的实施意见》	围绕规模种养、农产品加工、农业社会化服务以及农技推广、林下经济、贸易营销、农资配送、信息咨询等，开展农业农村社会化服务。
山东省	2013	《山东省人民政府关于进一步做好新形势下农民工工作的意见》	鼓励农民工返乡创业。将扶持城乡劳动者创业小额担保贷款额度提高到10万元。
重庆市	2016	《重庆市人民政府办公厅关于印发促进农民工等人员返乡创业实施方案的通知》	按照"孵化园＋创业园"的模式，重点打造一批市级重点农民工返乡创业孵化园和返乡创业园。
江西省	2017	《江西省人民政府办公厅关于进一步支持返乡下乡人员创业创新促进农村一二三产业融合发展的实施意见》	利用相关平台，加大对返乡下乡人员的培训力度。建立返乡创业信息库。

3. 政策匹配度分析

（1）政策制定

对于新型职业农民创业扶持政策，由国务院、国家发改委、人力资源和社会保障部、财政部、农业农村部，这些部门出台的扶持政策一般都主要包括政策扶持的指导思想以及主要任务等。对于扶持政策具体的实施措施、步骤和方法并没有做出明确要求。各省市出台的扶持政策，通常都是在国家政策指导意见下，结合当地的实际情况做出更为细化的实施意见。

总体来看，对于新型职业农民创业的金融扶持政策体系相对完善，国务院、中国人民银行、中国银监会等部门都对金融扶持新型职业农民创业提出具体措施。对于当前出台的金融扶持政策体系相对完备，包含了不同类型创业者的金融需求。对于很多扶持政策，都在强调以创业者为主体，简化办理程序，鼓励新型职业农民创业带动就业。可对于具体政策申请简化措施，政策阐述不够清楚。导致国家或各省市出台的政策比较"悬浮"。

在一些核心政策上难得到突破，本次研究的62位创业者，其中有15位创业者存在创业场地缺乏的问题。而土地难以审批，对于当前国家发展来说，政策难以得到有效突破。

（2）政策执行

对于扶持政策的落实，由于不同地区的金融需求的差异化，导致不同地区金融政策的约束出现分化。还存在有的地方不够重视，政策落实"大打折扣"。其中劳动力输出大省，对于创业贷款的力度较小。对于扶持新型职业农民创业的相关政策，是在国家政策的指导下，主要以地方扶持政策为实施依据，结合当地新型职业农民创业实际情况予以执行。而在扶持政策执行过程中，地方政府及其相关职能部门与创业者之间的政策信息是断裂的，这也成了一个主要阻碍。主要体现在两方面，一方面是由于地方政府相关负责人员有限，而当前创业者众多，所以出现信息传递不通畅的现象；另一方面在信息传递不通畅的前提下，导致创业资源匹配度较差。

调查研究统计表明，有40.3%的创业者渴望补贴政策。当前国家或者各省市政府出台的政策中，创业补贴政策种类较多，其中包括自主创业人员首次创业补贴、小微企业创业补贴、就业困难人员创业补贴、新型农业经营主体补贴、农业补贴等。根据本次研究对象得知，享受补贴的种类包括发展畜牧专项奖金、养殖业电费减半补贴、圈造补贴、养殖幼苗以及化肥等农副产品的补贴。从调研中发现，创业者希望政府提供环保整治补贴，减轻创业者在创业过程中对环保整治支出的负担。

整体新型职业农民创业扶持政策体系，对创业者还是带来了非常多便利，同时也起到了激励新型职业农民创业的作用。使创业带动就业，减轻社会就业压力。但同时对于当前的创业扶持政策还有许多需要创新的地方，以便于创业扶持政策体系更完善。

三、新型职业农民创业政策创新思路

基于上文对新型职业农民创业需求的分析，以及对现有政策供给匹配度的研究，本报告认为需要加强政策创新，以帮助新型职业农民更好地创业。

政策创新是指通过一系列的调研和总结，在对原有新型职业农民返乡创业扶持政策进行调整的基础上，使创业扶持政策本身更科学合理，并且在政策有效执行的前提下，使创业政策达到维护新型职业农民的创业利益和促进社会发展的目的。如何进一步优化新型职业农民创业扶持政策，应该从创业者的政策需求侧来推进创业扶持政策的供给侧创新。充分考虑新型职业农民创业的实际需求，解决创业者在创业过程中最困难的实际问题，发挥创业者在创业过程中的主体作用。

本报告在新型职业农民创业扶持政策的创新思路中，从两方面进行创新，包括政策的制定和政策的实施。政策的制定包括创业政策制定初衷，要突出新型职业农民主体性；在创业初期，主要是财政政策和创业资源支撑的创新；创业中期，主要涉及税收政策和政府市场引导问题。政策的实施包括督促政策落实。如下图8所示为政策创新思路图。

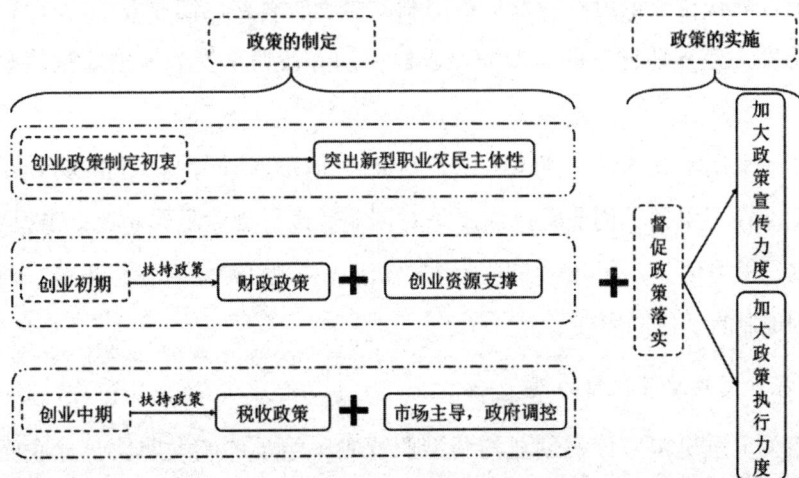

图8 政策创新思路图

（一）政策的制定

1.突出新型职业农民主体性

当前的创业扶持政策过多地关注如何通过创业发展乡村，或通过创业扶持政策培养经济社会发展新动能。实际在政策运用过程中政府站在集体的立场上进行政策设计，而没有考虑农民真实需求的政策，政策往往在后期的实施中容易产生偏移，导致最终的效果不尽如人意。无论是人民公社还是大集体制度都是如此。而顺应农民需求的政策往往都成为推动中国发展的强劲动力，比如"大包干"、允许农民自由流动，等等。更新观念，把支持新型职业农民创业的工作放在战略位置，而政策的制定应该突出新型职业农民的主体性，注重人的发展、农民阶层地位的提升。要立足依靠群众创新创业的积极性、创造性，促使乡镇产业兴旺，培育发展、改善民生新动能。

完善政策户籍限制问题，对于创业者一视同仁。对所有创业者不局限于户籍所在地。根据数据统计表明，已经进行创业的新型职业农民中，在外地城市创业的占20.69%，在本地城市创业的占近39.08%，而在本地农村创业的占近37.93%。将近60%的新型职业农民选择不在户籍所在地创业。所以对于所有出台的扶持政策应不涉及户籍限制，对于所有异地创业者都持支持和欢迎的态度，使异地创业的新型职业农民以同等待遇享受当地创业扶持政策，不受户籍限制。

在政策制定过程中，应该考虑到政策之间存在协同性。创业扶持政策的出台意义在于服务于创业者，而不是对创业者进行创业阻碍。比如鼓励新型职业农民返乡创业，那么对于创业者的需求应该灵活制定政策，不能一刀切，应该因地制宜，协同发展。

2.提升财政政策扶持力度

相关金融机构应该对创业的新型职业农民给予"额大期长，息低面广"的贷款政策，构建创业价值评估体系，按照评估标准给予相应贷款金额。如符合小额贷款的新型职业农民可申请小额贷款，提高贷款金额、放宽贷款年限。通过对创业者的访谈发现，普遍存在贷款难的问题，政府或相关金融机构，应降低新型职业农民创业贷款门槛，解决创业者产业升级资金困难。丰富贷款质押标准和范围，允许使用创业者房子产权、土地使用权、机械设备、创业项目成品等有形和无形的财产作为贷款质押。优化投资主题，政府需鼓励金融市场的投入，银行作为创业者使用最广泛的金融机构，拥有大量的社会资源，应该加大对新型职业农民返乡创业的资金扶持。政府引导出资筹集农民工返乡创业担保基金，实行部分贴息，对农民工创业贷款提供担保，解决农民工融资困难的问题。

对于创业者在申请资金扶持过程中，相关部门需简化流程，大力推行"最多跑一次"的政策，完善"一窗受理、集成服务、一次办结"的服务模式创新。

3.完善创业资源支撑

第一，完善公共服务资源。

对于返乡创业的新型职业农民来说，公共服务资源很尤其重要。根据调研发现，中西部地区公共服务体系仍不完善，其中公共服务体系资源包括：道路建设、水电气设施、通信网络、治安环境、子女教育、医疗设施、文化服务、污染排放等。如图9公共服务资源框架图所示。

（1）道路建设方面。俗话说"要想富，先修路"，道路建设是网络建设的基础，也是联通乡村与城市的桥梁，需强化环境优化政策，优化道路建设，如扩宽道路、修建柏油公路，使创业者在道路交通上没有阻碍。

（2）水电气设施。对于返乡创业的新型职业农民，水电气的设施是基础的保障，尤其是天然气，相关政府部门应该根据创业地点的评估，优化水电气设施。根据调研发现，西部地区有些地方电力设施不够完善，由此限制创业者返乡创业，或扩大创业产业。完善水电气设施，为新型职业农民返乡创业提供基础保障。

（3）通信网络。通信网络包括互联网和物联网，对于创业者来说，互联网和物联网是通向外部资源的两只翅膀，政府部门应加强创业地的互联网建设，对于中西部地区山区，还有少数地方没有通网络，而当前"互联网+"模式已经非常盛行，比如客户之间微信联系，对于相关专业技术可通过网络搜索获取。物联网也是创业环境的基础，调研发现，农村物联网建设相对缺乏，有的几乎没有快递收发点，使快递进村是当前急需解决的问题。

（4）子女教育。返乡创业的新型职业农民的一大担忧就是子女教育问题。相比城市，农村的教育配置较低，其中包括幼儿园、小学，调研发现，中西部地区，并没有保障一村一幼儿园、一村一小学，导致子女上学需进城或送至相近学校，导致很多人虽知道返乡创业有很大的可行性，且可有收益，但因为子女教育问题，产生犹豫。政府应加大农村教育设施投入，缩小城乡教育差距。保障农村基础教育水平，整体提高基础教育教师力量。

（5）医疗设施。在乡镇建立医院、养老院等医疗设施，缩小城乡医疗水平差距。根据调研可知，对于返乡创业的新型职业农民，返乡初心70%是为了照顾老人，当前农村地区养老设施缺乏，导致明明在城市可以有好的工作，或者有好的创业机会的新型职业农民，不得不放弃这样的机会，返乡创业谋生存。在农村建立养老设施，可极大地解决老人老有所养问题，也极大减轻年轻人的养老顾虑。

（6）文化服务。建立娱乐场所，如电影院、KTV等。缩小城乡差距，使创业者在创业闲暇也能感受到不止城市才有的娱乐措施。建立文化设施场所，比如文化大礼堂、老年活动中心，创业者大多无多余时间陪伴、照顾父母，建立相关文化设施，减轻老年人的孤独感。

（7）治安环境。治安环境对于创业者来说至关重要，通过对62位创业者的访谈研究可知，在农村进行创业的，大部分没有进行治安管理，一般都是私人设置监控设施，而对于公共道路电视监控安装缺乏，政府应该加强对农村治安设施的配置，大力维护农村居民人身安全以及财产安全。

（8）污染排放。根据调研可知，对于在农村创业的创业者来说，环保意识不强，对于政府对环保抓的严的表现不理解，政府在督促创业者治理环境的同时，应该加强农村污染排放设施的配置。当前，中西部地区的部分地区，农村还是没有垃圾收运处置体系，一般都是自行焚烧，这样严重影响了自然环境，应以村为单位按照人员密集度来分区安置垃圾集中收治点；同时加强农村污水处理设施建设。

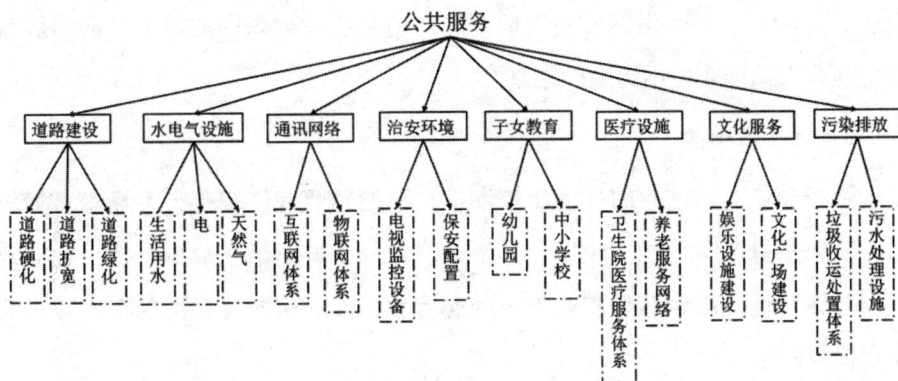

图9　公共服务资源框架图

第二，加强新型职业农民职业培训。

新型职业农民的培育工作，需要政府牵头。对于经验缺乏者，有以下四种办法：第一，政府官方媒体对新型职业农民相关创业项目进行宣传推介；第二，可以使成功创业者进行经验分享，定期举办成功创业者演讲活动，一方面可传授经验，另一方面给其他没有创业但想创业的人以激励作用；第三，定期举办优秀创业者评选活动，对优秀创业者给予资金等物质奖励，激发创业者的创业斗志；第四，政府部门与创业者之间需建立良性沟通协调长效机制。对于技能缺乏者，分为两种，一种是智力技能，可以和相关科研机构进行合作来解决；另一种是操作技能，就需要专业培训，相关政府部门应该成立新型职业农民培育机构，定期走访调研，切实了解创业者的真实需求，根据需求制定合适的创业培训活动。

第三，完善创业土地使用政策。

当前，对于土地使用管控越来越严格，土地供给指标也越来越少，给创业者带来很大影响。政府应该对此做出合理调整。对于返乡创业的创业者，政府对创业项目进行合理评估之后，按照常住人口比例，在一定程度对新型职业农民创业用地指标进行改革，在"产权明晰，用途管制"原则基础上允许创业者对非农业用地、荒地、林地进行租赁或流转。首先加强创业园区的建设，然后村镇将整合的限制建设用地、荒废地大部分用于新型职业农民的创业，最后对于贫困山区，在保护生态环境和统一规划的前提下，适当放宽新型职业农民创业使用山地的限制。

4.加大税收优惠

新型职业农民创业的过程比较漫长，一般创业规模较小，市场竞争力较弱，所以抵御风险的能力较低。需要政府在税费方面给予政策支持，制定政策需有针对性，结合新型职业农民创业行业不同性质的特征，制定差异化的税费优惠政策。

首先，对于首次创业的新型职业农民，可给予三年减税的政策支持，一方面激发创业者的创业激情，另一方面减轻创业者负担。其次，对于非首次创业的新型职业农民，可根据创业规模，比如对于小微企业可以制定一个时间区间，创业初期五年内减免税费，这样可以大大减轻创业者在创业初期的资金周转压力。当企业正常运行之后正常缴纳相关税费，对于税费缴纳期限内还存在困难的创业者，可延长缴纳时间，不影响企业发展。政府应重点加大对农民工创办的第三产业的扶持力度，实施降低税率和税收减免等优惠政策，鼓励返乡农民工充分利用资源优势，投资农村现代服务业，进而以旅游业发展为依托，辐射带动农村地区餐饮、酒店等行业发展，推动农村地区产业结构调整与升级。

5."市场主导，政府调控"模式扶持创业

在推进新型职业农民创业的过程中，应该处理好政府与市场的关系。要实行政府引导和市场主导相结合，政府不可过多干预创业者市场发展，要起引导作用，尊重市场规律，尊重创业主体。政府需要简政放权，着力解决创业者在创业过程中的政策问题、制度问题以及大力改进服务管理。在政府引导方面：比如在互联网发展盛行的今天，正好利用这一点，政府可以建立创业信息发布平台，利用互联网媒介的力量搜集和发布相关信息。收集每一位创业者的创业项目信息，针对创业项目市场需求，实时发布相关市场情况，创业者可根据此共享平台了解市场行情。利用政府做指引，引导市场，解决创业销路难题。

大力实行"政府+市场+社会服务"的模式，将创业者组织起来，组织社会组织、专家、志愿者对创业者进行集中技能培训、经营管理指导，搭建互教互助、资源共享平台，使创业者对投资者选择、企业经营管理以及提高创业者整体素质有着至关重要的作用。

6.积极推进相关政策的落实

（1）加大政策宣传力度

第一，提高政府自身对政策和新型职业农民的认识，认知上的改变才是最根本的改变。转变政府对新型职业农民的认识，以创业者的根本利益为出发点。政府宣传部门定期组织集中政策学习，加大对政策的重视，同时提高相关政府人员的服务质量，将创业政策宣传作为一项重要工作进行。

第二，加大政策在创业者中的宣传力度。有效的政策宣传是政策的制定和创业者收益的重要桥梁。相关政府政策宣传部门应定期开展宣传学习制度活动，在保证政策被政策部门相关人员所熟知、尊重和重视的前提下，将返乡创业的新型职业农民作为宣传对象。运用当前大数据、互联网平台，通过微信公众号、微博等平台发送相关政策推文；还可通过宣传片等形式将创业成功事例进行循环播放；针对区域存在的新型职业农民，根据其实际需求，将创业政策相关措施、申请条件以及办理流程，以新型职业农民易懂的形式展示出来，让创业者感受到创业政策的真实存在。

（2）加大政策执行力度

首先，强化政府组织队伍建设。面对大量的返乡创业潮，政府应加强相关部门人员的组织队伍建设，实行分层分类人员管理，加强人员集体学习机制。同时实行弹性绩效考核体制，以此加大组织队伍对于政策的宣传力度；加大对政策执行人员进行执行效率考核，明确政府人员相关责任，切实将相关创业扶持政策落到实处。然后，加强政府组织机构建设。相关部门应通过奖惩制度对组织机构的调整和升级，强化责任、协调义务。

四、结论

　　新型职业农民是实施农业现代化、实现乡村振兴的主力军。当前国家大力培育新型职业农民，鼓励新型职业农民创业。新型职业农民创业能有效促进农民增加收入，实现剩余劳动力就业，对促进农业农村经济发展与社会稳定有着重要意义。为了更有效地实现这一举措，中央和各省市相关部门都出台了很多关于扶持新型职业农民创业的政策措施，为创业者带来了相应福利。但与此同时，也出现了很多问题，比如政策协同性较差、政策执行力不够、政策扶持力度不够等。本调研通过对新型职业农民创业进行访谈，再对访谈资料进行扎根理论分析，构建新型职业农民创业扶持政策模型，对其进行理论阐述，针对问题提出相应的创新思路，以下是我们得出的结论：

　　（1）通过政策及其匹配度，对中央及地方出台的有关扶持新型职业农民创业的政策进行分析得出，2008年金融危机之后，国家及各省市政府陆续出台一系列鼓励农民创业的政策，这些政策具有指向明确，条例清晰，政策指向客体明确等特点。

　　（2）对于现有出台的扶持新型职业农民创业的相关政策，对创业者起到了很大帮助。但与此同时出现很多问题，通过扎根理论分析，政策执行力不够、政策制定协同性较差、贷款申请太复杂及财政政策扶持力度较低等问题，影响了创业者顺利开展创业行动。

　　（3）本报告通过对62位新型职业农民的访谈资料进行扎根理论研究，进行开放性编码、主轴编码、选择性编码，形成新型职业农民创业扶持政策模型，对模型进行解析，发现新型职业农民创业前期的激励，主要分为创业积极政策和创业者自身的问题；在创业扶持政策方面主要发现以下几方面的问题：创业资源支撑不够、政策存在差异性、财政政策力度不够和政策落实较差。

（4）最后得出新型职业农民创业扶持政策创新思路。优化政策差异性：改进政策的户籍限制、突出新型职业农民的主体性、完善政策与政策之间的协同性；督促政策落实：加大政策宣传力度、加大政策执行力度；财政政策：加大金融扶持力度、加大税收优惠政策；健全相关创业资源扶持政策：完善公共服务资源、加大新型职业农民的培训、政府加强市场引导。

决策建议稿一：建议农民工创业政策城乡并重

宁波大学城乡统筹发展与社会正义研究中心操家齐副研究员承担的国家社科基金项目阶段性成果，提出农民工留城创业成就远超预期，创业成功后反哺家乡成效显著，建议在扶持政策上对"返乡创业"与"留城创业"并重。

一、现实经验表明：农民工留城创业已经蓬勃兴起

1.全国已经涌现了一大批以农民工为企业家的龙头企业

这其中有快递业龙头企业"三通一达"（即申通、圆通、中通，韵达），创始人都是来自浙江桐庐的农民工，他们抓住中国工业经济快速发展对快递业的巨大需求，敢于突破不合理制度的束缚，推动民营快递业从"不合法"到"合法"，现在他们都已经进入中国快递业"十强"之列。有为苹果、三星生产手机玻璃的行业巨头蓝思科技，其创始人周群飞20多年前只是一个普通的打工妹，现在已经一跃成为"女首富"，她的成功，生动诠释了普通人实现阶层跨越的"中国梦"。这样的企业还有很多，比如国美也是这样的案例。

2.一些不为人重视的行业已被具有地域性的农民工团队所"垄断"

农民工在城市创业由于缺乏政策扶持，他们倾向于从"亲情""乡情"中构建关系网络，寻找社会资源。他们从一些无人问津的小行业入手，逐步发展壮大，最后扩张成为一个全国性的经营网络。这其中非常知名的有：文印及办公耗材业，他们基本上都来自湖南新化洋溪镇。新化县目前有近20万人在外从事文印产业，占据全国市场份额的85%以上，年产值超过500亿元；门

窗业，基本是来自江西安义，总人口不过20余万的安义县，有13万人在全国各地从事铝合金加工、销售，每10个加工铝合金、塑钢门窗的人中，就有8个是安义人，掌握了全国75%的门窗市场；电梯安装业，江苏溧阳已拥有电梯企业70多家，从业人员达10万人，在电梯安装领域占据全国80%以上市场份额。还有莆田的民营医院也都是这样的典型。他们的"鼻祖"都是当初到城市讨生活的农民工。

3.农民工创业企业具有强大的"反哺"家乡发展的能力

农民工在城市创业成功之后，怀着对家乡热爱的朴素感情，往往会利用自身的资本、技术优势回乡发展，如蓝思科技的周群飞创业成功后回到家乡湖南，先后在浏阳、长沙设立工厂，在浏阳的总投资额逾30亿元，创造了大量的就业岗位。而安义门窗业的老板们回乡进入安义工业园区，使安义成为中国第三大铝型材生产基地，全年建材产业实现主营业务收入39.13亿元，占园区总收入的66.32%。湖南新化正在建设总投资50亿元的文印产业总部经济园，建成后，预计将为新化带来2万个就业岗位和每年5亿元以上的税收。

4.农民工在城市创业长期处境艰难

城市管理者不仅对农民工留城创业重视不够，在某种程度上甚至扮演着抑制者的角色。城市对创业者存在着户籍、学历方面的歧视，基于对农民工缺技术、能力差、素质低的"刻板印象"，他们对农民工创业很少给予优惠政策，甚至以政策法规的名义抑制农民工的创业行为，比如以"黑快递"违反邮政法名义打压申通发展，使得申通等快递企业长期得不到合法身份，早期的创业者经常面临着扣件、罚款甚至被限制人身自由等困难。

二、农民工创业政策的指向应顺应农民工主体需求

在农民工创业政策上，我们认为应该尊重农民的意愿，不要人为地限定是"返乡创业"还是"留城创业"，而应该在尊重农民工意愿和市场规律的基础上，实事求是，制定相应的政策。我们必须考虑符合农民工意愿，是否符

合市场规律，否则，有可能好心办坏事，适得其反。

我们的建议是，对于农民工返乡创业政策可以有以下三个"顺位"选择：

第一顺位选择是积极支持农民工在流入地城市创业，在城市创业成功的基础上，发挥自己的资金优势、市场网络优势再返乡创业。这有几个好处，一是成功概率较高。因为城市市场容量大，也有利于发挥自己的技术专长，利用多年积累的人脉资源；二是在城市创业成功之后，有了资金实力，可以在城市买房置业，自己家里孩子在城市就学也就解决了，成功的人多了，留守儿童、留守老人等问题也就随之减轻；三是留城创业成功之后，返乡发展更容易得到重视，反哺家乡建设也可以让更多的家乡人民受益。这就需要流入地城市高度重视农民工创业问题，为农民工创业提供政策支持。

第二顺位选择是引导农民工返回家乡所在大中城市创业。这里一般都是当地的经济中心，市场容量相对较大，创业风险相对较小，离家相对较近，融资相对容易，市场监管相对规范，农民工自己的经验积累和所学技术一般还能有用武之地。

第三顺位选择是引导具有相应技术专长和市场渠道的农民工返回家乡所在的县城或村庄创业。对他们应提醒创业风险，加强创业培训，提供信贷支持、优化创业环境。通过积极为他们搭建创业平台，引导电商平台下沉，以互联网对接域外市场的方式化解本地市场容量不足的短板。对于那些毫无相应经验、风险承受能力有限，又缺乏经营思路的创业者应该充分警示创业风险，以防止他们因创业返贫。

总之，农民工创业政策面临着方向上的优化，应在充分尊重农民工意愿、发挥他们创造力的前提下，坚持农民工"返乡创业"与"留城创业"并重，转变政策面重"返乡创业"，轻"留城创业"的倾向，改善农民工留城创业条件，进而鼓励留城创业有成的农民工返乡发展，"反哺"家乡建设。同时在鼓励东部地区产业向中西部地区转移，厚实中西部地区发展基础的条件上，利用农民工的自身优势，以返乡创业参与中西部地区发展大业。

决策建议稿二：关于运用直播平台
创新农民培训工作的建议

【建议要点】农民培训工作是关系到我国就业创业、产业转型升级、农业现代化的重要问题，然而，传统培训形式效果不佳也是困扰有关各方的老大难问题。运用广受农民欢迎的直播平台开展农民培训是近年来市场自发涌现出来的新事物，实践表明运用直播平台开展农民培训具有凸显农民参与培训的自主性、培训形式方便、教学互动性强、评价机制明确、成本相对低廉、便于变现知识资源等明显优点。为创新农民培训工作，推进供给侧改革，建议有关部门高度重视这一源自草根、有生命力的农民培训形式。

宁波大学中国乡村政策与实践研究院操家齐副教授团队基于对六省典型村庄的调研，和对快手、抖音、火山小视频等直播平台的考察，提出应充分利用网络直播平台，改进农民培训工作。

一、传统培训手段存在的主要问题

传统农民培训手段更多地表现为单向度的制度供给，这种供给没有充分体现农民的主体地位，农民参与的积极性不高，因而会产生参与意愿不足，培训效果难保障的问题。

1.供给与需求错位

根据我们的调研，农民对政府方面提供的培训往往兴趣不大。农民的培训需求往往是比较个性化的，他们所需要的培训政府方面不一定能提供，而提供的培训又往往不是所需要的。也就是说供给与需求之间存在一个错位的问题。此外，即使是农民需要的内容，由于相关机构的老师水平参差不齐，一些老师缺乏农业生产经验，课程内容往往脱离农村和农民实际。总体来说，现有培训方式，农民参与是单向度的，农民主体地位没有得到充分体现。

2.便利程度不高

由于在空间上，农民居住相对分散，集中培训受到交通条件的制约；在时间上，现有培训很难做到兼顾农民的时间安排。总体来说，便利程度不高。在这种情况下，若非农民有很高的参与自觉性，课程有足够高的吸引力，农民很难有积极性参与相关方面组织的培训。

3.运行成本较高

传统培训手段组织难度大，还需要投入大量的场地、师资，而受众相对有限，因而运行成本较高。我国每年有大量的资金投入到农民培训中去，2019年仅中央财政安排给农业部的农民培训预算就达到20亿元，计划培训100万人以上，人均2000元左右。还有大量的农民培训经费分散到林业、畜牧、科技、扶贫、劳动和社会保障、组织部、共青团等诸多部门，再加上地方政府的财政投入，国家的农民培训投入是非常大的。这还不包括农民自己资金、时间方面的投入以及相应的机会成本。所以说，在现有农民培训体系下的运行成本非常高昂。

4.培训效果评估困难

如何评估培训质量，是传统培训方式存在的一个难题。传统培训方式很难做到完全市场化运作，培训者自主性地位难以得到充分体现。再加上受到技术条件限制，培训者难以及时反馈培训效果，再加上后续的跟进机制不完善，农民接受培训后的实践效果更难获取，从而出现培训效果评估难的问题。

二、直播平台开展农民培训情况及其主要优点

2018年9月到2019年2月，我们课题组在全国各地调研农民工返乡创业情况，在调研过程中我们发现一个有趣的现象，那就是农民对网络直播平台的娴熟运用远远超过了学术界的想象。在江苏沭阳，农民通过网络直播平台现场销售花卉苗木，其中一个返乡农民工仅三个月时间，通过今日头条直播平台销售月季花超过500万元。据阿里巴巴统计，2018年淘宝直播平台带货超过1000亿元，同比增速近400%，创造了一个千亿级的增量市场，这其中，超过15万场农产品直播，吸引了超过4亿人次在线收看。来自湖北省恩施州利川市的51岁的主播"农民文叔"就拍出来千万人观看的视频内容，通过直播，每周的收入超过万元。除了通过直播平台在网上卖农产品，很多创业农民在网上学习技术，我们访谈的一位河南农民工，在网上学会了养鹅技术。

一些直播平台成了通过直播进行农民培训的主力。这样的平台有很多，比较有影响的有快手、斗鱼、虎牙、YY、抖音、火山等。其中快手课堂影响力很大。据统计，自2018年7月快手课堂上线以来，已经有1万多门线上课程。在快手课堂上开课的主要是学有专长的网友，这里面有的是农技方面的专家，在理论和实践上都有造诣，也有的只是具有某方面的实践技能，如有的会养羊、有的会嫁接，有的专门传授种植多肉植物，还有的就是会煎饼、会做烧烤。与一般的培训不同，直播课堂一般是现场教学，老师一边讲一边操作，随时回应学员提出的问题。网上培训一般有两种形式，一种是付费课程，付费后才能听课，一种是即时直播，粉丝（学员）通过打赏等形式参与听课。前者一般可以回放，后者一般不能回放。前者授课者的收益比较有保障，后者收益不太确定。但前者报名人数如果不够，课很难开得起来。收益多少与主播的知名度有很大关系，而知名度的形成取决于课程质量与主播的口碑。不少主播收获颇丰，如"短平快育肥羊服务平台"的主播唐海斌，有20多年的养殖经验，有2.1万粉丝，3个月就获得4万元的收益；"阎妈妈街边小吃"主播专门教人做街边小吃，4个月收益20万元。

一般来说，基于直播平台的农民培训，有如下优点。

1.凸显农民参与培训的自主性

农民可以从众多的课程中自主选择自己所需要的课程，听什么？什么时候听？都可以自由决定。农民选择的课程一般都是自己有兴趣或者是亟须解决的问题，缺啥补啥，选择的课程针对性强，因而听课的积极性也非常高。

2.培训形式方便农民听课

由于智能手机高度普及，农民参与听课不受场地、时间的限制，足不出户就可以参与相应的培训，非常便利。

3.教学互动性强

学员可以随时通过网络与主播交流，主播也可以及时回应学员的问题。不仅在课堂上可以交流，在课后学员还可以通过网络、手机等与主播教师联系，解决实践过程中所遇到的各类问题。

4.评价机制明确

由于在直播过程中可以随时表达自己的观点和意见，还可以通过献花、打赏、点赞等形式表达自己的感受，主播者对于学员的反馈可以随时掌握，从而也为今后的课程的改进提供帮助。同时，由于网络的便利性，主播的能力可以通过口碑自由传递，后学者也可以了解到开课者的情况。

5.成本相对低廉

由于平台的便利性，网上直播课程相对投入较低，农民可以以相对低廉的价格学习含金量不低的课程。

6.盘活变现知识资源

无论是科研人员还是技术人员，无论是"洋博士"还是"土专家"，只要有一技之长，都可以非常方便地通过平台将自己的知识资源变现，不仅收获了名气、金钱还收获了成就感。

当然，网上农民培训除了以上优点之外，自然会存在着一些问题，比如，课程质量如何把关？如何防止错误的知识误导学员。还有一些主播受利益诱惑为一些商家"遛货"，收取佣金和差价等，可能会存在一定风险。

尽管网络直播课堂还不完善，但这种形式可以非常方便地实现技术、技能的分享，促进知识的传播、技能的传承，系统性地化解信息不对称、教育资源不均衡的积弊，帮助农民创业者以相对低廉的成本获取相关知识和技能，减少创业过程中的弯路，也为农民培训工作开拓了一个全新的思路。

三、充分运用直播平台开展农民培训的相关建议

运用直播平台开展农民培训的总体思路是：充分应用新技术、新手段，着眼需求侧改进供给侧服务，尊重农民在培训中的主体地位，发挥市场的主观能动性，支持直播平台建设直播课堂，鼓励科技人员、农业专家分享知识提供有偿服务，繁荣网络农民培训市场，适度监管，促进农民培训工作创新。

1.鼓励支持直播平台开展农民培训

充分认识到直播平台开展农民培训是适应农民需要的有效培训形式，尽管目前规模还不算太大，但发展前景广阔，需要高度重视，重点扶持。

2.选择有影响的直播平台购买培训服务

对于那些有广泛影响、管理到位的直播平台乃至一些知名主播，可以有步骤地以购买培训服务的形式，免费提供给农民学习。

3.鼓励农技专家在线开展农民培训

扫清农技专家参与直播培训的制度限制，鼓励他们分享知识，获取合法报酬。以促进更多的专家为农民提供培训服务，繁荣农民培训市场。

4.适度开展涉农培训直播平台的监管

尊重市场的主体地位，相信农民的判断力和市场的优胜劣汰功能，少用直接干预的手段。同时也充分发挥相关部门的引导作用，适时提出预警，对于一些管理到位的直播平台、优秀主播予以表彰，对一些优秀的主播可以提供认证加V，促进直播培训的可持续发展。

决策建议稿三：当前农民工返乡创业工作新亮点及相关政策建议

【摘要】自2015年国务院出台政策鼓励农民工返乡创业以来，农民工返乡创业蓬勃开展，不断取得新的成就。本报告提出：针对各地出现的农民工创业的新经验，从自发到引导，促进产业转移带动农民工返乡创业；重点支持能人返乡创业，鼓励农民工城市创业成功后反哺家乡；结合产业扶贫，同步推进农民工返乡创业；创新工作思路，重点解决一些农民工创业存在的难点问题。

宁波大学中国乡村政策与实践研究院操家齐副教授《当前农民工返乡创业工作新亮点及相关政策建议》，在对全国14个省26个村的村委会、创业者调研的基础上，对农民工返乡创业出现的新现象进行了归纳，并针对返乡创业的政策思路创新提出了一些对策建议。

一、农民工返乡创业工作的五大新亮点

1.劳动力密集型产业随农民工创业向中西部转移

在这次调查中，我们发现不少沿海发达地区的劳动力密集型产业随农民工返乡创业而转移到中西部地区的案例。在我们的调研中发现几类情况，一是在城市创业的农民工企业家将工厂向家乡转移。如赣州谢村村一位农民工企业家在广东有一个制衣厂，又回家开了一个；二是原来在沿海地区企业只

是普通员工，回家后联系原来企业在老家开起工厂为其提供生产服务。河南省柘城县门楼王村的一位普通工人，因家庭原因返乡后主动与原老板联系办起了服装厂，提供加工服务，安置了村民50多人。

2.产业扶贫与农民工创业互相促进

农民工返乡创业行动往往与村庄的产业扶贫工作结合在一起。调研中发现有几种有效形式：一是充分利用国家对贫困村的投入集中力量发展出优势产业后，吸引农民工返乡创业。省级贫困村莱西市沟东村利用精准扶贫政策把特色农产品葡萄产业做大做强，吸引大部分村民返乡；一种是返乡农民工利用扶贫贷款创业。江西谢村村农民工通过申请扶贫贷款合伙养殖鸭嘴鱼，取得了较好效益；一种是贫困户通过扶贫资金入股农民工创业企业，企业给贫困户固定回报。麻城市头垸村将贫困户的扶贫贷款统一贷给创业者，创业者向贫困户付10%的股息。

3.互联网+助力农民工创业

利用互联网开拓市场成为农民工返乡创业的一个有效手段。除了传统的网店之外。还出现了许多新型经营形式，比如赣南农民工脐橙以较低价格与微商合作，微商负责接单，农民工负责发货。江苏沭阳年轻农民工在淘宝、快手上直播卖盆景、月季花，家里的老人则种植，一家人分工合作，其乐融融。三是一些地方设立电商中心，为创业者提供综合服务。据阿里巴巴统计，全国600多个贫困村通过电商脱贫成为淘宝村，国家级贫困县在阿里平台的销售额超过630亿元。

4.部分农民工精英回乡创业反哺家乡

部分在外地经营有成的农民工返乡创业，其影响力远超普通农民工，其辐射带动能力更强。如四川省简阳市的徐刚在沿海地区事业有成，返乡带领乡亲致富，在他的带领下，该村人均年收入从2015年的4710元，一跃达到2017年的14100元。浙江桐庐市"三通一达"等农民工创业企业，在老家办起了印刷厂、培训中心等项目，其中中通投入达到35亿元，圆通7亿元，申通20

亿元，其对家乡的带动作用非常大。

5.一些地方政府创新推动能人返乡

客观地说，地方政府将农民工返乡创业作为中心工作来抓的确实不多。在调研工作中也发现一个典型，该地对返乡创业工作真抓实干，也抓出了成效，这就是湖北省黄冈市。黄冈市为推动能人返乡创业出台了一系列政策，第一，将其作为"一把手"工程，实行量化考核，每月公布一次排名；第二，市委、市政府把实施能人回乡创业"千人计划"，量身定制了十九条支持政策。截至2018年11月15日，签约项目高达1195个，协议投资额为995.96亿元。

二、制约农民工创业的一些主要问题

1.相关政策并没有得到有效的落实

农民工知道相关优惠政策的很少。据我们统计，农民工对于返乡创业政策的了解程度并不乐观，其中"不是很了解"和"根本没听过"相加占比80.1%。此外，农民工反映政策很好，就是很难兑现。比如补贴，看起来创业者的条件也符合，但是要想拿到却并不容易。

2.政策的供给与创业者的需求错位

首先，国家对农民工创业的支持重点在返乡创业，但从现实来看，在外地城市创业占20.69%，在本地城市创业的占39.08%，而在本地农村创业的占37.93%，也就是说选择城市创业的占近60%。而在城市创业的很难享受到国家的返乡创业优惠政策。其次，政府的政策供给与农民工的需求吻合度不高，比如政府免费提供的培训往往不是农民工所需要的，农民工只能转向商业渠道花钱买培训。

3.各项政策的协同性连续性不足

协同性不足主要体现在不同部门站在不同立场上对扶持农民工创业的态度不同，比如在土地问题上耕地保护政策和创业用地占用之间的矛盾日益突出。连续性不足体现在政策经常反复，可能前一段时间鼓励一二三产业融合，支持农民工创业者搞农家乐，现在又要拆掉原来建设的设施，原来提倡的成为后来问题产生的根源。

4.在一些核心政策上难以有实质性的突破

据我们的问卷调查，农民工在返乡创业的过程中，最希望得到的政策支持前三位分别是资金、场地和审批便利化。在资金上农民工创业主要还是依赖自有资金和民间借贷，而从银行贷款还是非常困难。而土地问题，对于多数返乡创业者来说，是一个尤其头痛的问题，不管是种植还是养殖，普遍反映土地审批难。

5.市场化力量发挥不充分

在农民工创业问题上市场应该发挥主体作用，政府更多地应该发挥引导作用，但是在一些中西部地区市场发育不完善，市场发育的不完善，往往与政府有关系，比如一些公共基础设施不足，影响了市场的投资意愿。

三、进一步完善农民工返乡创业政策的建议

1.突出农民工的主体性，反映农民工创业者的真实需求

在农民工创业这个问题上，我们应该突出农民工的主体性，愿意回乡就回乡，愿意留城就留城，愿意回来创业，欢迎，给予政策扶持；愿意在城里创业，也要欢迎，也要给予政策扶持。不愿意创业，也行，要支持他们就地实现城镇化，给予同等的市民化待遇。

2.从自发到引导，促进产业转移带动农民工返乡创业

鉴于在本次的调研中存在着众多的沿海劳动力密集型产业随农民工返乡而实现成功转移的案例，建议在政府层面高度重视这一现象，出台相应的鼓励政策，解决转移过程中的相关问题，推动沿海相关产业向中西部地区转移，缩小地区差距。

3.重点支持能人返乡创业，鼓励农民工城市创业成功后反哺家乡

返乡创业扶持政策不应仅局限于农村，由于城市创业条件相对较好，多数农民工是在城市创业，因此可以鼓励农民工城镇创业，创业成功后有条件再反哺家乡。

4.结合产业扶贫，同步推进农民工返乡创业

从我们这次调研的情况来看，产业扶贫和农民工创业可以互相促进，共同提高。相关方面可以把两方面的政策结合起来，优化相关方面的政策。

5.做好公共服务，促进农民工创业

在我们这次调研之中，很多创业者都反映公共服务不足的问题，比如供电问题、快递问题、水源问题甚至政府证照审批效率低下和贪污腐败问题，等等。这些问题是影响农民工创业的大问题，也是政府真正应该解决好的关键问题。

6.创新工作思路，重点解决一些突出问题

针对这次调研过程中农民工创业者反映的一些突出问题，比如部门协同性不足、政策前后抵触的问题，应该加强部门之间的协调机制建设，尊重历史，解决现实问题。对于贷款难的问题，一方面扩大宅基地抵押试点，同时，也可以考虑引入市场机制，引入市场多元金融主体。对于农民工反映的培训针对性不强的问题，应该探索"菜单式"培训服务，鼓励培训市场化，以农民工自由培训、事后报销的形式推进培训方式改革，提高培训实效。

课题主持人接受《中国劳动和社会保障报》记者专访

"互联网+"改变农民工返乡创业生态
——访宁波大学城乡治理现代化研究中心副研究员操家齐

本报记者　赵泽众

中共十九大报告提出，促进农村一二三产业融合发展，支持和鼓励农民就业创业，拓宽增收渠道。在大众创业、万众创新的浪潮下，互联网的应用改变了农村创业的传统生态，为农民工返乡创业提供了便利。当前，农民工返乡创业生态呈现出怎样的特点？新时代对农民工返乡创业提出了怎样的要求？近日，记者采访了相关专家。

扶持政策多创业人数少

记者：农民工返乡创业是推动乡土中国转型升级、保障就业和社会稳定的重要方式之一。目前，我国农民工返乡创业的情况如何？

操家齐："农民工返乡创业"的概念始于2008年，当时，受到全球金融危机影响，大批农民工返乡。为了解决这批农民工的就业和社会稳定问题，当时中央和地方各级政府纷纷出台政策，鼓励农民工创业。

近几年的大背景与2008年的情况有所不同。近年来，国家深入推进大众创业、万众创新。鼓励农民工返乡创业，一方面可以带动就业，另一方面，这也是落实乡村振兴战略的有效途径之一。

国家出台了一系列政策，鼓励农民工返乡创业。2015年，国务院办公厅印发《关于支持农民工等人员返乡创业的意见》，提出要加快建立多层次多样化的返乡创业格局。同年，农业部、团中央、人社部印发《关于开展农村青年创业富民行动的通知》，对有关事项作出规定。此外，由商务部、国家发改委等19部门联合推出的《关于加快发展农村电子商务的意见》提出大力发展农村电子商务。2016年，国务院办公厅印发《关于支持返乡下乡人员创业创新促进农村一二三产业融合发展的意见》，从市场准入、金融服务、财政支持、用地用电、创业培训、社会保障、信息技术、创业园区等方面对农民工返乡创业提供支持。

2017年9月，在农业部农村创业创新工作推进新闻发布会上，相关负责人透露，全国返乡、下乡创业人员共700万人，农民工的比例是68.5%，即480万人。与全国2.8亿农民工的总数相比，480万人显得微不足道。这一方面说明农民工返乡创业还有很大的潜力可挖，另一方面说明农民工群体对政策的响应还是保留着审慎观望的态度。

"互联网+"改变传统创业生态

记者：党的十九大报告提出"增强改革创新本领，善于结合实际创造性推动工作，善于运用互联网技术和信息化手段开展工作"。互联网技术在推动农民工返乡创业上起到了怎样的作用？

操家齐：农业部数据显示，在返乡创业的农民工当中，82%以上创办的都是农村产业融合类项目，广泛涵盖特色种养业、农产品加工业、休闲农业和乡村旅游、信息服务、电子商务、绿色农产品、特色工艺产业等农村一二三产业，并呈现交叉融合、竞相迸发的态势。其中54.3%都使用互联网等新一代信息技术获得信息和营销产品，广泛采用了新技术、新模式和新业态，现代要素投入明显增加。农民工返乡创业群体结合地方政府、电商及物流服务商构成了新型的创业生态体系，这充分说明了互联网的应用改变了农民工返乡创业的传统生态，相对降低了传统创业的风险。

在产品或服务区域上，由原来的有限扩展到无限，只要自己的产品受欢迎，不仅可以服务周边客户，甚至可以扩展到外地甚至海外市场，这就可以解决有效客户不足、生意做不大的问题；在物流上，农民工可以不用自办物流，借助第三方物流解决运输问题；在货款上，不需要现金交易，也不用担心传统市场普遍存在的赊欠问题，而是借助第三方支付解决收款不便及变现问题。总之，电商平台提供了免费的公共服务，农民工创业完全可以突破过去传统市场的束缚，低成本、高效率地实现产品推广和市场拓展。相对以往返乡创业，"互联网+"时代的农民工返乡创业具有较强的可操作性。

依赖电商平台实现多元主体互动

记者：在"互联网+"背景下，农民工返乡创业呈现出怎样的特点？

操家齐："互联网+"背景下，当前农民工返乡创业生态系统具有如下特征：

一是高度依赖于电商平台。中国的电商平台建设水平居于世界前列，在运营上也有B2B（企业对企业，如批发）、B2C（企业对个人，如天猫）、C2C（个人对个人）等多重模式，创业者可以依据其实力找到一个适合自己创业的平台。从成本上来说，农民工返乡创业依托现有的电商平台是一条非常便捷的低成本创业渠道。

二是资源禀赋深刻影响创业路径。目前，国内"互联网+农民工返乡创业"模式主要有沙集模式、遂昌模式、东高庄模式等。这几种模式中，农民工创业先行者或利用自己的经验技能，或利用当地的独特资源，或利用传统市场条件，或依靠政策环境，闯出了一条条独具特色的"互联网+创业"模式，也为后来者提供了借鉴。这些模式没有最好的，最适合创业者自身条件和需要的就是理想的模式。

三是多元主体之间有机互动。电商平台虽然居于主导地位，但离不开国家基础设施建设的跟进和农民工返乡创业政策的推动，更离不开农民工等创业主体的辛勤经营与开拓。农村店主已成为电商平台上最富活力的生力军之一，他们的努力也成就了电商平台的繁荣。同时，广大消费者对创业者产品的消费以及及时反馈意见，有助于创业者生产经营水平的提升。整个生态链上的各个部分都积极互动，共同构成了一个富有活力的生态体系。

四是生产者经营方向并不局限于涉农产业。过去我们一般认为农民工返乡创业一定是以农副产品为主。有些地方政府也将扶持农民工返乡创业的范围定位在农业领域。事实上，据阿里研究院的大数据分析，淘宝村网店销售额最高的商品是服装、家具和鞋。位居前十名的并没有农副产品。这主要是由互联网背景下的市场的广域性决定的。

强化政府职能落实乡村振兴战略

记者：党的十九大报告提到，要提高就业质量和人民收入水平，提供全方位公共就业服务，促进农民工多渠道就业创业。您认为新时代对农民工返乡创业有怎样的要求？

操家齐：党的十九大报告中既提出了促进农民工多渠道就业创业，又提出了乡村振兴战略。乡村振兴是全面建成小康社会的"最后一公里"，而在农村户籍人口中，2.8亿农民工群体是生力军，是农村家庭的顶梁柱，是增收的关键。增加这一部分群体的收入，保障这一部分群体的权益，等于牵住了"牛鼻子"，可以扩大中等收入群体。

促进农民工群体多渠道就业创业，除了推进新型城镇化这个主渠道外，扶持农民工返乡创业也是一个重要手段。在"互联网+"的背景下，对于农民工返乡创业生态系统的完善，还需要从以下几个方面去努力：

第一，推进国家相关政策落地，优化农民工返乡政策环境。在原有政策基础之上，要将改革落实到促进农民工返乡创业的具体工作中去，让他们有真正的获得感。此前我们的调研表明，农民工返乡创业存在着证照难办、优惠政策难争取、监管不当的问题。因此，当前优化返乡创业政策环境的关键是在县乡层面落实好有关政策。目前，一些中西部地区的县市非常重视引进大企业、大资本，对普通劳动者的创业重视程度不够，需要端正认识。

第二，发挥基层政府"激活""守护"职能，发挥农民工返乡创业主动性。各地政府要尽量优化市场环境，根据创业者的需求提供创业培训、风险防控等公共服务。此外，还应整合当前分割于各部门的优惠政策，劲往一处使，尽量方便农民工创业。

第三，加大金融支持力度，鼓励融资平台服务农村。鼓励有条件的地区通过拓宽社会融资渠道，设立农村电子商务发展基金。传统农村市场的融资渠道主要依赖于民间融资，一般是向亲友借，超出亲友的范围就需要借"高利贷"。融资的规模过小和借贷的高风险，决定了传统农民创业只能做一些小本经营的买卖。针对农民缺乏抵押物、没有消费和信贷记录的问题，可以引进互联网金融平台，利用合理的风控思路，化解风险。

后 记

本书是国家社科基金课题"农民工创业政策创新实证研究"的最终成果。在本书即将付梓之际，我想对本课题申报、研究过程中给予支持和帮助的单位和个人表示感谢。

在申报过程中，赵振宇、陈红霞、黄峥等宁波大学城乡治理现代化研究中心的各位同事积极参与讨论论证，为项目的申报贡献了智慧。我的同学和朋友张弛、杨戟、郑光魁、冷向明、孙雨辰也为课题的申报做了很多工作。

在课题研究过程中，课题组也得到有关各方面的支持。我的学生饶博涵、王晨雨、沈月盈以及外校的董诗艺、何诗弦、谢清玲等同学积极参与调研，他们牺牲寒假时间，克服种种困难走进各地的乡村，为本课题的研究准备了大量的数据和访谈资料，这些资料对于课题的研究非常重要。

原阿里巴巴新乡村研究中心副主任兼秘书长、阿里研究院高级专家盛振中先生为我们在江苏沭阳等地的调研提供了帮助。阿里巴巴提供的机会对于我们对曹县、睢宁、宿迁等地的农民工创业行为的调研提供了有新意的思路。

在课题报告最后的修改过程中，城乡治理现代化研究中心的黄增付、阳晓伟等同仁也提供了很好的意见。学校社科处的缪旭峰老师对于报告质量的把关付出了心血。我的硕士研究生陈英英、赵亚琴对于文本的校对和规范也付出了劳动。

在报告的撰写过程中我们参考了众多学者的研究成果，他们的智慧对于课题的研究非常重要。

对于以上有关各方以及虽未提及但对本课题的研究有贡献的个人和组织在此一并致谢！

由于课题组能力有限，有关阐述难免有不完善乃至偏颇之处，敬请各位读者批评指正。

操家齐

2021年7月28日

附 录

访谈记录目录（27个村84篇，原始记录另见操家齐主编《返乡创业故事——创业铺就脱贫致富路》一书，中国社会出版社，2020年版。）

中部地区

一、江西省谢村村

1. 村委访谈。

2. 谢村村铝合金返乡创业个体户。

3. 谢村村鸭嘴鱼养殖户访谈。

二、江西省安远县鹤子镇大峯村

1. 大峯村村委会访谈。

2. 在广州开工厂的魏叔。

3. 竹鼠养殖户访谈。

三、湖北麻城市黄土岗镇堰头垸村

1. 黄土岗镇堰头垸村村委会访谈。

2. 黄土岗镇堰头垸村清明花生产者访谈。

3. 创业失败的牛羊养殖户。

4. 屡败屡战的养殖户。

四、湖北麻城市三里畈村

1. 三里畈村村委会访谈。

2. 在武汉开汽修店的农民工。

3. 三里畈村种藕没销路的农民工。

4. 猪鸭养殖户。

五、湖南省武冈市邓元泰镇华塘村

1. 村支书访谈记录。

2. 一位勤劳肯干的养猪场场长。

3. 创业受挫壮志未酬的农民工。

六、安徽省六安市金安区施桥镇长冲村

1. 村支书访谈。

2. 种桃人。

3. 村里的养老院：养老人也养自己。

七、安徽省肥西县严店乡三联村

1. 村支书访谈。

2. 手指可断创业不能停：执着的年轻纸厂老板。

3. 将工厂搬回家的手套厂老板。

4. 到处流浪的包子店。

八、安徽省宿州市萧县石林乡朱大楼村

1. 村支书访谈。

2. 能人返乡典型：城里家里都有投资的叔叔。

九、河南省安阳市滑县韩新庄村

1. 村支书访谈。

2. 辛苦的饭店老板。

3. 怕受约束的机械加工厂老板。

十、河南省商丘市柘城县岗王镇门楼王村

1. 承接东部地区产能转移的乡村服装厂。

2. 通过培训提技术网络拓市场的养鹅户。

3. 为赊销所困靠民间借贷周转的建材老板。

十一、河南省南阳市唐河县源潭镇王湾村

1. 学校边的小吃店。

2. 终于回本的养猪户。

3. 不愿当闲人的羊倌。

十二、山西省大同市广灵县南村镇下白羊村

1. 老书记访谈。

2. 多次创业失败老来仍坚持打工的姥爷。

3. 砂子生意不好做了。

西部地区

十三、四川省简阳市丙灵村

1. 丙灵村村委访谈。

2. 城市创业返乡者徐刚。

3. "羊肚菌"养殖户田大福。

4. 创业失败者袁亮。

5. 筹划创业者邓凡。

十四、四川省乐至县石佛镇双凤村

1. 石佛镇书记访谈。

2. 石佛镇便民服务中心工作人员访谈。

3. 沦落的农家乐经营者。

十五、四川省遂宁市安居区东禅镇黄茅沟村

1. 村支书访谈。

2. 网上银行贷款20万创办培训学校的创业者。

3. 包工头老潘。

十六、四川省马槽乡花桥村

1. 花桥村村委会访谈。

2. 非物质文化遗产马槽酒生产者。

3. 明头村养牛户。

4. 筹划中的蔬菜创业者。

十七、重庆云阳县人和街道民权村

1. 村委会访谈。

2. 年轻的红糖厂创业者。

3. 在外地开面房的老板。

4. 养猪失败再度打工的创业者。

十八、陕西榆林市横山区驼燕沟村

1. 村主任访谈。

2. 从包工头到无定河畔的养蟹大户。

3. 小康村的养鸡大户。

4. 蘑菇种植户李叔。

十九、陕西省定边县红柳沟镇赵儿庄村

1. 村主任访谈。

2. 武校校长赵发。

3. 重诚信的煤老板。

4. 开网店卖空心面的宝妈。

二十、甘肃天水

1. 花石崖村村支书访谈。

2. 村里十几年才有孩子上大学的花椒种植户。

3. 缺场地的养猪户。

4. 在短视频平台宣传产品的养殖合作社。

东部地区

二十一、山东省莱西市日庄镇沟东村

1. 沟东村村支书访谈。

2. 从司机到外资代理商。

3. 开农资店的胡老板。

二十二、浙江省衢州市

1. 沈建光：大起大落中成就创业精神。

2. 衢州市七里乡大头村村支书访谈。

二十三、浙江省宁波市

不甘一辈子打工的餐馆老板。

二十四、浙江省温州市张堡村

1. 在迪拜卖鞋的温州女老板。

2. 被智能手机打败的影楼老板。

二十五、浙江省金华市磐安县方前镇茶潭村

1. 村委会主任访谈。

2. 在义乌做外贸的施老板。

3. 被拆迁影响创业之路的大伯。

二十六、浙江省湖州市莫干山镇仙潭村

1. 网红民宿莫梵的管家。

2. 两位漂亮的民宿业主。

3. 一位热情大方的民宿女老板。

二十七、上海市浦东新区唐镇吕三村

上海市浦东新区唐镇吕三村村干部访谈。

问 卷

"农民工创业政策效果评估"调查问卷（匿名）

您好！我们是国家社科基金课题"农民工创业扶持政策创新研究"的调研员，希望能够听到您的真实声音。本问卷没有"对"与"错"之分。问卷是匿名的。您的回答对于我们得出正确的结论很重要，希望能得到您的配合和支持，调研结果会反馈国家相关部门。让我们共同为改进我们的现状而努力，谢谢！请直接打√。

1.您的年龄：

①18岁以下　②19～34　③35～45　④46～59　⑤60以上

2.您的性别：　①男　　②女

3.您的籍贯：　　省（自治区、直辖市）　　市（县）

4.您目前的婚姻状况是：①未婚　　　②已婚

5.您目前的受教育程度：

①小学及以下　②初中　③高中　④中专　⑤大专　⑥大专以上

6.您外出打工时间：

①2年及以下　②3～5年　③6～10年　④11～20年　⑤20年以上

7.您最近一次打工时的月收入水平：

①2000元以下　②2001～3000元　③3001～4000元　④4001～5000元

⑤5000元以上

8.您原来（或现在）的就业地区是：

①省外城市　②省内的省会城市　③省内的其他城市　④家乡县城

⑤老家　⑥其他

9.您或者身边那些返乡农民工回来的最主要原因是：

①原先企业停产或半停产　　②被单位解雇

③劳动合同到期后企业不再续签　④家乡发展前景更好

⑤国家和家乡的农民工返乡创业扶持政策的鼓励和吸引

⑥找不到合适的工作　　⑦家庭原因（如孩子、父母需要照顾等）

⑧年龄大了不适合外出　　⑨其他_____

10.您是否有创业当老板的打算：

①我已经在创业　②有　③无（原因：_____）

11.您之前是否有创业的经历：

①有　　②无

12.从您内心来说，您更希望在哪里创业：

①回家创业　　②在打工地创业　③说不清

13.如果您有机会创业或已经创业，那么可能选择或已选择的行业是：

①农业（种植业、养殖业）②制造业　③服务业　④其他_____

14.如果您正在创业，您的创业形式为（未创业的选④）：

①个人创业　②家庭合资创业　③合伙人创业　④未创业

15.您觉得现在（或曾经）影响您创业的最主要的障碍是：

①缺资金　②家人反对　③没有合适的项目　④担心风险

⑤担心手续麻烦　　⑥担心治安不好　⑦其他_____

16.您是否了解政府对农民工返乡创业的扶持政策：

①很了解　②了解　③不是很了解　④根本没听说过

17.您知道的当地政府对创业的扶持政策有哪些（多选，限选三项）：

①资金（信贷与贷款优惠、补贴）②审批（简化审批手续、开启绿色通道等）③场地（允许用集体用地）④信息技术的支持（宽带进村，对接京东、淘宝等）⑤创业技能的培训　⑥开设创业园　⑦税收减免政策　⑧我不知道有什么优惠政策　⑨其他_____

18.您是否享受到国家创业政策带来的优惠（创业者填写）：

①有　　②无

19.如果您作为创业者，在返乡创业时最希望得到哪些方面的支持?（多选，限选三项）

①资金（信贷与贷款准入条件）　②审批（开启绿色通道）　③场地（提供用地支持）

④信息技术的支持　⑤创业技能的培训　⑥开设创业园　⑦税收减免政策

⑧提供社会保障服务（比如社保的接转）　⑨治安环境　⑩其他_____

20.您认为当前影响农民创业的主要问题是（多选，限选三项）：

①资金不足或贷款困难　②没有合适的项目　③产品缺乏市场　④基础设施跟不上（交通、快递、网络、电力、水利、场地等）⑤个人缺乏经营管理经验和专业技能　⑥缺乏人才　⑦劳动力成本太高　⑧税、费负担重　⑨治安及社会环境不好　⑩其他_____

21.您认为创业者打工经历会在哪个方面对创业帮助最大：

①人脉（指关系）②管理经验　③技术　④积累了资金

⑤眼界更开阔　⑥其他_____

22.您认为互联网会对创业帮助大吗

①非常大　②比较大　③大　④一般　⑤没有帮助

23.如果您已经在创业，您的创业地点在（没创业的不填）

①外地城市　②本地城市　③老家农村　④外地农村

24.您对返乡创业政策执行效果的评价是：

①非常好　②比较好　③好　④一般　⑤不理想

25.为更好地帮助农民创业，请写下您对政府方面的意见和建议：

_____

_____